아버지가 30대 아들에게 남긴 진짜 인생

마지막 시작

전용석 지음

다산
라이프

새로운 출발과 여행을 떠날 준비가 되어 있는 자만이

우리를 마비시키는 습관에서 벗어나리라.

– 헤르만 헤세, 《유리알 유희》 중에서

세상의 모든 아들에게

세상의 많은 아들들이 그렇겠지만 저 또한 십 대 무렵부터 아버지와의 사이가 그다지 좋지만은 않았습니다. 좋아질 만하면 뭔가 일이 생겨서 틀어지고, 좋아지는 듯하다가는 또다시 악화되는 일들이 몇 번씩 반복되었지요.

그러다 서른 즈음의 어느 날 아버지를 떠올리던 저는 마음이 아파 꽤 한참 동안을 목놓아 울어버렸습니다. 그전까지는 순전히 나 자신의 입장에서만 아버지를 보려고 해왔기 때문에 아버지를 이해할 수 없었습니다. 그런데 그날 그 순간에는 문득 아버지의 지난 삶의 고통을 깨닫게 되었습니다.

마치 아버지의 삶이 통째로 나의 가슴으로 들어와 버린 것 같았습니다. 아버지의 삶을 나의 관점이 아니라 완전히 당신의 입장에서 보게 되었지요.

이런 질문을 드려보고 싶군요. 당신은 아버지를 사랑하십니까?

그저 피상적인 생각으로만 대답하지는 않았으면 합니다. 정말 깊이 느껴보고 가슴으로 답을 구해보았으면 합니다. 가족이란 당연히 사랑해야 한다는 의무감 같은 것들은 완전히 내려놓고서 말입니다.

반대로 아버지에게 당신을 사랑하는지에 대해서 질문을 해보면 어떨까요? 극히 예외적인 경우가 아니고서야 자식에 대한 부모의 사랑이 부모에 대한 자식의 사랑보다 더 작지는 않을 것입니다. 아버지들이란 그저 표현에 서툴 뿐이며 사랑하는 태도가 다를 뿐이지요. 그리고 아버지 역시 더 나은 삶을 바라며 시행착오를 반복하는 나와 같은 불완전한 한 명의 인간일 뿐입니다.

모든 것은 시간이 흐르면서 하나의 법칙처럼 굳어져 갑니다. 아버지도 그 긴 생의 시간만큼 굳어졌을 것입니다. 하지만 우리는 훨씬 더 유연합니다. 변화해야 할 것은 아버지가 아니라 우리의 마음입니다. 아버지에 대한 진정한 이해와 사랑을 통해서 말입니다.

이 책에서 전하는 일곱 가지 편지의 가르침을 지식의 차원을 넘어 직접 삶을 통해 실천하게 된다면 존재의 본질에 훨씬 더 가까워질 수 있으리라 믿습니다. 바쁜 일상 속에서 돌아보지 못했던 자신을 돌아보고 마음 깊이 울리는 내면의 목소리를 듣게 된다면 그것이 언제든지 간에 용기있고 자신 있게 마지막 시작을 선택할 수 있을 것입니다.

저의 아들이 태어나기도 전에 원고의 대부분이 완성되었던 것이 우여곡절 끝에 아들이 네 살이 다 되어서야 비로소 책으로 출간되었습니다. 세월이 흘렀지만 여전히 아들에게 전하고 싶은 메시지인 것을 보면 십 년, 이십 년이 지나도 아버지의 마음은 변함이 없겠지요. 이 책에 담긴 모든 메시지들이 아들에게 직접 체험으로 스며들어 성장해 나갈 수 있기를 바랍니다. 그리고 세상의 모든 아버지와 아들의 영혼에도 그러하기를 진심으로 바랍니다.

마지막으로, 저에게 어떤 길도 강요하지 않고 나아가는

대로 믿고 사랑해 주신 아버지께, 언제나 나의 길을 믿으며 할 수 있는 모든 사랑과 지원을 아끼지 않는 아내에게, 사랑의 깊은 의미를 깨우쳐준 아들에게, 이 책에 쓰인 대부분의 시문詩文들의 인용을 허락해준 벗 유연에게, 자칫 묻혀질 뻔했던 원고의 가치를 세상에 드러내 주신 다산북스의 김선식 사장님께 감사의 마음을 전합니다.

세상 모든 이들의 꿈이 이루어지는 그날을 꿈꾸며

전용석

The last start...

아, 아버지!

"만약 내가 제 시간에 도착하지 못하고 연락이 닿지 않는다면 정확히 십 년 후에 전시회를 열어줄 수 있겠소? 그리고 한국에 있는 내 아들을 꼭 초대해 주시오."

얼마 전 뉴욕의 한 사진협회로부터 받은 편지에 의하면 아버지는 이런 수수께끼 같은 말을 남겼고, 전시회를 주관하던 측에서는 아버지의 사진에 무척이나 강렬한 인상을 받은 터라 유별난 제안이었음에도 그다지 신경 쓰지 않고 흔쾌히 받아들였다고 한다.

어쨌든 나는 이런 이유로 뉴욕에서 열리는 사진전에 초대되어 그 곳을 방문하게 되었다. 평생에 가장 명예로운 전시회를 목전에 두고 타계한 불우한 사진작가의 유일한 혈육으로.

'어떤 사진들이 전시되어 있을까?' 사진에 그다지 관심 없이 살아왔던 나는 아버지의 사진들이 이십여 년 넘게 세계를 여행하며 찍은 풍경과 인물 사진일 거라고 생각했다. 내게 유품으로 남겨진 수만 점의 유고작들과 마찬가지로.

하지만 전시홀에 들어서는 순간, 나의 몸은 굳어져 버렸다. 거기에는 온통 나의 어릴 적 사진들로 가득했기 때문이다.

아, 아버지!

나는 다리에 맥이 풀려 그 자리에 주저앉고 말았다. 왈칵하고 뜨거운 눈물이 쏟아져 내렸다.

I
나의 사막에서

다른 많은 사람들과는 달리 나에게는 아버지와 함께 했던 기억이 별로 없다. 어린 시절 나는 '내게 아버지라는 존재가 정말로 있기나 한 걸까?'라는 고민에 집중했을 정도로 아버지의 부재는 내게 있어서 커다란 공백이었다. 또한 '아빠 없는 아이'라며 동네 친구들에게 놀림 받는 것도 몹시 서럽고 싫었다.

나는 조금 더 자라고 나서야 아버지의 정확한 직업이 무엇인지, 왜 그렇게 오랜 시간 집을 비웠어야 했는지에 대해 알게 되었다.

아버지의 직업은 사진작가였다. 아버지는 국내에서 몇 번의 사진전을 열었고, 대회에서 입상한 경력이 있기는 했지만, 그다지 유명한 예술가는 아니었다. 더군다나 그런 정도의 평판을 갖은 사람이 순수 예술가로서의 사진을 찍는다는 것은 얼마 되지도 않는 수입에 장비 값이다 필름 값이다 해서 많은 돈이 드는, 말하자면 밑 빠진 독에 물을 붓는 것과 같은 일이었다. 게다가 그런 재정상태에서 어느 정도 남는 수입이 있다 치더라도 온 세상을 돌아다니시던 아버지의 여행 경비로도 모자랐을 것이다.

아버지는 몇 달에 한번씩 집에 들러 며칠 정도만 머무르시다 또 다시 어디론가 떠나곤 하셨다. 그런 아버지의 빈 자리를 채우기 위해 어머니는 아버지의 사진관을 이어받아 운영하셨다. 어머니의 사진관 운영으로 어머니와 나, 두 식구의 생계 정도는 그럭저럭 이어나갈 수 있었다. 하지만 아버지의 공백은 생계에 뛰어든 어머니의 부재로 이어졌기 때문에 어린 시절 나는 많이 외로웠다. 그런 외로움의 상처는 내가 더 자라나 사춘기 시절을 지날 무렵에는 아버지에 대한 원망으로 바뀌었고, 그 후에도 몇 년의 정신적 방황을 겪게 되었다. 그나마 나이가 들면서 표면적으로나마 아버지에 대한 원망은 사그라들고 결국 아버지라는 존재에 대한 무관심으로 변해갔다.

어머니는 속이 깊고 사랑이 많은 분이셨지만, 여린 마음 때문인지 현실을 잘 꾸려나가는데 필요한 생활력이나 억척스러움과는 거리가 먼 분이셨다. 나는 그런 우리 집의 환경이 무척이나 싫었지만, 어머니는 아버지를 이해해야 한다는 말씀을 자주 들려주셨다. 여전히 아버지를 깊이 사랑하고 계시다는 말씀과 함께.

　어린 시절 어머니가 들려주신 이야기에 의하면 아버지는 '인생에서 가장 소중한 것'을 찾아 여행하는 중이라고 했다. 비록 아버지와 함께 했던 기억들은 별로 없지만 내게 떠오르는 아버지는 그다지 말이 없고, 부드러우면서도 속을 꿰뚫어 보는 듯한 시선을 가진 분이셨다.

　정말로 피는 속일 수 없는 것일까? 솔직히 말하자면 그런 아버지를 원망하고 마음의 문을 굳게 닫아 걸고 무관심으로 일관했다 하더라도 가슴 속 깊은 곳에 묻혀 있는 부성父性에 대한 그리움과 당신의 살아계실 적 행적에 대한 궁금증을 완전히 부정하지는 못할 것 같다.

　대부분의 사람들이 바라는 평범하고도 현실적인 생활을 저버린 채 아버지가 전 생애를 바쳐가며 찾으려 했다는 '인생에서 가장 소중한 것'이란 대체 무엇이었을까? 어떻게 어머니는 그런 아버지를 이해하고 사랑할 수 있었던 것일까?

　지난 열흘이라는 시간이 그 어느 때보다도 빨리 지나버린 듯했다. 비행기 사고로 갑작스럽게 아버지가 세상을 떠난 이후 꼭 십 년 만에 어머니의 죽음을 맞았다. 비록 오랜 기간 서로 떨어져 계시기는 했지만 어머니는 늘 아버지를 그리워하며 사랑하셨다. 어쩌면 아버지를 향한 어머니의 지극한 마음이 아버지가 돌아가신 이후에 어머니의 지병을 더욱 악화시켰는지도 모를 일이다.

나에게 있어 어머니의 죽음은 이미 십 년 세월에 걸쳐 충분히 예상해 오던 일이긴 했지만 어머니 당신이 남긴 공백은 생각보다 훨씬 크고 깊었다. 한여름 시원한 그늘을 만들어 주는 커다란 나무처럼 어머니는 그 존재 자체만으로도 세상 무엇과도 비교할 수 없는 정신적 안식처가 되어 주고 있었음을 어머니의 빈자리를 통해 더욱 절실히 깨달을 수 있었다.

장례는 무사히 끝났고 사망신고도 치렀다. 유산이라고 해 봤자 어머니 명의로 되어 있던 함께 살던 아파트 한 채 정도가 전부였으므로 복잡하게 처리할 일도 없었다. 남은 일은 어머니가 쓰시던 방과 남기신 유품들을 정리하는 일 정도였다.

"그 일을 꼭 이번 주말에 끝내야 해요?"
아내의 짜증 섞인 목소리가 마음 한쪽을 긁어댔다.

"서둘러서 빨리 끝내고 쉬는 편이 낫지 않겠어?"

"그동안 어머니 수발드느라 힘들었잖아요. 며칠이라도 좀 쉬었다가 천천히 치울 수도 있는 걸 가지고……"

생각해 보면 아내의 쉬고 싶다는 짜증과 넋두리도 수긍이 가지 않는 것은 아니었다. 그러나 비록 아내에게 내색하지는 않았지만 하루 빨리 공허하게만 느껴지는 어머니의 빈자리를 마음 한편에서 지워내고 싶었다. 그런 나의 마음을 이해해 주지 못하는 아내에게 서운한 마음이 드는 것도 사실이었다.

"일을 다 끝내놓고 나서 쉬는 게 더 편하지 않겠어?"

목소리가 약간 치켜 올라가려는 것을 가까스로 참아냈다. 여기서 한 발짝만 더 내디디면 한바탕 시끌벅적한 소란이 일어나고야 말 것이다. 늘 그렇게 날카로운 대화 속에 폭탄의 불씨는 당겨졌고, 그것을 알아차린 뒤에는 이미 연쇄폭발이 시작된 뒤여서 그것을 뜻대로 통제하기에는 이미 늦고 말았다.

아내가 먼저 한발 물러서 주면 얼마나 좋을까? 군이 말로 설명하지 않더라도 나의 심정을 먼저 이해해 줄 수는 없을까? 그렇다면 지금처럼 아내와의 관계가 항상 위태위태한 상태로 이어지지는 않았을지 모른다. 서로에 대한 이해와 사랑으로 넘쳐나던 연애시절에 아내는 이렇게까지 고집을 피우지는 않았었다. 서로의 의견이 충돌되는 어떤 지점에서 항상 한발 먼저 물러서 주곤 하던 그녀였는데…….

아내는 이번 주말에 바람이라도 쐴 겸 해서 어딘가 여행이라도 다녀오기를 바라고 있었지만, 그런 아내의 의견을 꺾은 것은 나였다.

사실 가끔은 나 스스로도 의아한 생각이 들기는 했다. 대체 왜 이렇게 급하게 서두르려 하는지. 마음 속에 불편한 감정들이 복잡하게 꼬이고 얽혀 있는 것 같다고 생각되기도 했다. 하지만 그것들을 자세히 들여다보는 것이 내게는 어색한 일이고 익숙하지 않은 일이었다. 하루하루가 어떻게 지나는지도 모르게 정신 없이 흘러가고 있었다.

나는 아내가 나를 좀 편안하게, 하고 싶은 대로 할 수 있도록 내버려 두기를 바랄 뿐이다. 그게 가장으로서의 나를 이해하고 배려하는 길이고, 가정의 평화를 유지하는 길이 아니겠는가? 하지만 그녀는 나를 이해해 줄 생각도 없이 자신의 고집만을 피우고 있는 것 같았다.

'나를 이해하지 못하는 거야. 늘 그래왔듯이.' 생각이 거기에 미치자 가슴 속에서 뭔가 부글부글 끓어오르는 느낌이 치솟았다. 머리가 뜨거워지며 얼굴 근육들의 조합이 뜻하지 않게 일그러지는 긴장감이 느껴졌다. 또 한 발만 더 내딛으면 폭발할 듯한 순간이었다.

"나는 내 방이 빨리 생겼으면 좋겠는데."

일곱 살 난 아들 윤서가 방문을 빠끔히 열며 고개를 내밀고 말했다. 아들이 갑작스레 뛰어드는 바람에 폭발하려던 마음이 한결 누그러졌다. 어머니가 쓰시던 안방을 정리하여 우리 부부의 침실로 쓰고, 우리가 쓰던 방을 아들 방으로 주겠다고 약속했던 터였다.

"그래. 우리 윤서가 아빠한테 한 표를 던지는구나."

웃으며 손을 내밀자 윤서는 기다렸다는 듯이 쪼르르 품 안으로 달려들었다.

"부전자전이라더니 부자지간에 사이가 좋으시군요. 나 힘든 건 생각도 안 하고. 부자지간에 알아서 하든지 말든지!

나는 짐 정리하는데 신경도 안 쓸 테니 그리 아세요!"

아내는 벌떡 일어나 "쾅" 소리 나게 문을 닫고서 나가버렸고, 곧이어 볼륨을 크게 높인 텔레비전 소리가 들려오기 시작했다. 결혼생활이라는 것이 눈물 질질 짜며 부부싸움이나 하는 한심한 드라마를 닮아가는 것 같다는 생각이 들었다. 품에 안겨 있는 아들 덕에 버럭 소리를 지르고 싶은 마음을 겨우 눌러 참았다.

인생이 꼬여 있다는 생각이 다시 고개를 쳐들었다. '후' 하고 한숨이 나왔다. 사는 게 참 답답하고 한심하다는 생각에 한숨이 나오는 것마저 참을 수는 없었다. 아이가 슬며시 눈치를 보더니 품에서 빠져나와 거실로 달려 나갔다. 아내에게 가봐야 분위기는 거기서 거기일 텐데. 아들에게 미안한 마음이 들었다.

회사에서는 늘 똑같은 일상과 스트레스가 반복되고 있었고, 집에 돌아오면 편안하게 쉬고 사랑을 느끼고 싶었지만, 위태위태한 줄을 타는 느낌을 떨쳐 내기가 어려웠다.

갑자기 '사막'이라는 단어가 떠올랐다. 사막의 낮은 너무 뜨겁고 밤은 또 너무 차갑다지…… 회사에서는 너무 뜨겁고

갑자기 '사막'이라는 단어가 떠올랐다.
나는 지금 메마른 사막 위를 걷고 있는 것은 아닐까?

집에 돌아오면 너무 차갑다. 게다가 끊임없이 이어지는 갈증, 나는 지금 메마른 사막 위를 걷고 있는 것은 아닐까?

주말 내내 집안에서 일어나는 작은 이사로 온 집안이 분주했다. 아내는 나와 다투던 때의 심정으로는 팔짱만 끼고 구경하며 혼자 알아서 해보라고 방관하고 싶었겠지만, 결국 내가 일을 벌이기 시작하자 울며 겨자 먹기 식으로 손을 보태주고야 말았다.

그렇게 대부분의 정리가 끝나고 거실에 내놓은 자잘한 물건들을 정리할 일만 남았다. 아내의 목소리에서 피곤함과 원망이 묻어났다. 나 역시 아내에게 결국 도와주고야 말 것을 그렇게 좋지 않은 감정으로 해야만 했느냐고 원망하고 싶었지만, 애써 그런 느낌을 삼키며 명랑한 척 대답하려고 애썼다. 사실 돌아보면 내 생각대로만 고집을 부려 일을 관철시킨 후에는 늘 불편한 감정만 남는 것이 사실이었다.

어머니의 유품들은 그다지 잘 정리되어 있는 편이 아니었다. 많은 양은 아니었지만 아버지가 돌아가신 이후에 미처 정리하지 못한 채 모아두었던 아버지의 유품들까지 뒤섞여 있었기에 일일이 상세한 내용까지 확인하며 정리해야만 했다.

　내게는 낯익을 새 없이 무관심으로 일관했던 수많은 사진들, 어둠 속에서조차 빛이 바래온 듯 오랜 세월의 흔적을 보여주는 편지와 노트들, 그리고 간간이 눈에 띄는 낯익은 아버지의 필체. 나는 아버지가 생전에 남긴 편지(대부분이 오랜 기간 여행으로 떨어져 있던 어머니에게 보낸 것이었다)와 노트들을 들춰보면서 왠지 가슴이 뭉클해지며 목이 메어오는 것을 느꼈다.

Ⅱ
아버지의 선물

유품을 정리하던 중 뜻하지 않게도 아버지가 남긴 편지들로 채워진 노트 한 권이 발견되었다. 노트는 평소 근검절약 하던 당신의 성품답지 않게 무척이나 값비싸 보이는 가죽표지로 싸인 고급스런 재질이었다. 겉으로 드러난 모양새만으로도 몹시 소중히 다루어지던 것이라는 생각이 들었다.

나는 아직도 마음속 깊은 곳에 앙금처럼 남아 있는 아버지에 대한 복잡한 감정과 호기심이 뒤범벅되는 것을 느끼며 노트의 표지를 넘겼다. 유난히 또박또박 정성 들여 쓴 것임이 분명한 글자들이 눈에 들어왔다.

나의 사랑하는 아들아!

너는 엄마 뱃속에 있던 아주 조그만 아기일 때부터 깊이 사랑할 수밖에 없는 아름답고 경이로운 존재였단다. 그것은 네가 지금처럼 완전히 커버린 후에도 마찬가지지. 이제 한 명의 완전한 인간으로서 스스로 생각하고, 행동하고, 사람들과 소통하고, 감정을 느끼고, 표현하는 너에게서 무한한 경이로움을 느끼며 너를 바라보게 된단다.

가끔은 네가 미처 표현하지 못했던 나의 사랑을 기억하기보다는 나의 빈자리만을 기억하고 있다는 생각을 하면 몹시 슬퍼질 때도 있단다. 네가 점점 자라나면서 오랜 시간 함께 하지 못했던 나에게 원망도 하고 마음을 닫아버린 듯 보였지. 나는 그럴 때마다 몇 번이나 네게 진심을 전하려 했지만 이미 훌쩍 커버려 서먹해진 너에게 그리 쉽게 말을 건넬 수만은 없었던 것 같구나. 어떤 이유에서든 많은 시간을 함께 하지 못한 나의 탓이 아니겠니?

너의 눈에는 내가 별난 사람으로 보였을지 모르겠지만, 여행을 시작하기 전에는 나도 그저 평범한 삶을 살아가는 사람들 중 하나일 뿐이었단다. 남들처럼 학교를 다니고, 졸업을 하고, 생계를 유지하기 위해 얼마간의 돈을 마련하여 어렵사리 사진관을 열기도 했지. 그리고 너의 어머니를 만나 결혼하고 너를 낳았단다.

되돌아보면 네가 태어날 무렵이 내게는 가장 정신 없이 일에만 몰두하던 시기였던 것 같구나. 그 시절의 나는 세상의 많은 아버지들이 그렇듯 일상으로부터 느낄 수 있는 행복을 뒤로 한 채 앞만 보고 달려나가려 했었지. 너의 미래에 더 나은 환경을 보장해 주기 위해서는 반드시 그렇게 해야만 한다고 생각했단다.

나는 평일이면 밤늦게까지 남아 필름을 맡기는 고객들의 스냅사진들을 현상하고, 가족사진과 증명사진 등을 찍어주느라 무척이나 바쁘게 일했지. 또 주말이면 아기 돌이다 결혼이다 해서 온갖 행사사진을 찍기 위해 더욱 열심히 뛰었다.

그렇게 마음의 여유를 잃고 정신 없이 달려나가던 어느날 문득 마음속에서 회의감과 공허함이 느껴지기 시작했어. 그런 삶의 방식과 노력들은 나를 행복하게 해주지도 못했을 뿐만 아니라 나는 바쁜 일상으로부터 엄청난 스트레스를 받아왔지. 그랬기에 세상에서 가장 소중하다고 여기는 너와 네 어머니와도 그다지 행복한 시간을 함께 하지 못해 늘 마음이 편치 않았다.

고심하고 방황하던 나는 오래전 꿈을 다시 떠올리게 되었단다. 어릴 적 나는 사진작가가 되고 싶었지. 뷰파인더를 통해 마음을 담은 특별한 시선으로 세상을 바라보고, 떨리는 심장의 고동을 손끝으로 느끼며 특별한 순간에 셔터를 누르고, 그런 결과를 한 장의 사진으로 담아내는 그 모든 과정들을 사랑했단다. 유명한 사진작가들의 예술적인 작품들을 감상할 때마다 나의 가슴은 감동으로 떨리곤 했지. 나 또한 그들처럼 사진을 통해 많은 사람들의 가슴에 깊은 감동과 사랑을 심어주고 싶어했었지.

하지만 어느새 꿈과 열망으로 가득 찼던 소년은 온데간데없이 사라지고, 먹고 살아야 한다는 두려움만 잔뜩 움켜쥔 채 쳇바퀴를 도는 다람쥐처럼 덩그러니 남아 있는 나를 발견하게 되었지. 그때 나는 다시 불 지펴진 꿈을 더 이상 주체할 수 없게 되었단다.

그래서 나는 아주 멀리 떠날 결심을 하게 되었지. 즉

흥적이라고 볼 수도 있겠지만, 사실은 오랜 갈등과 고민의 결과였단다.

결심이 선 후 바로 짐을 꾸렸지. 뷰파인더에 담아낼 커다란 사랑을 찾아, 신이 버린 저주의 땅 아프리카로.

내가 그렇게 멀리까지 떠났던 것은 오래도록 잊혀졌던 꿈을 되찾겠다는 과장된 몸짓이자 객기 어린 행동이었는지도 모른다. 그러나 그렇게 첫발을 내딛음으로써 이십 년이 넘는 세월 동안 세계 곳곳으로 이끌리게 될 줄은 나도 미처 알지 못했었단다.

한평생 내면의 소리를 따라 기나긴 여행의 길을 걷는 동안, 나를 인도한 것은 여행을 시작할 때는 미처 알지 못했던 크나큰 사랑이자 운명이었고, 이는 인생에서 가장 소중한 것을 찾기 위한 여정이었다는 사실을 깨닫게 되었단다.

너 역시도 반드시 마음 속 가장 깊은 곳에 잠자는 꿈들이 깨어나는 순간을 맞이하게 되리라고 믿는다. 아니, 사실은 인간이라면 누구나 적절한 때가 되면 그런 순간이 찾아오게 마련이지. 그 기회를 살리거나 죽이는 것은 어디까지나 자신의 선택에 달린 일이겠지만 말이다.

사랑하는 나의 아들아,

내가 사랑이라는 이름으로 너를 부르는 것에 대하여 무척이나 의아하게 생각할지도 모르겠구나. 그러나 마음을 열고 나의 말을 귀 기울여 들어보도록 하려무나.

나는 너와 네 어머니를 사랑한단다. 하지만 나는 그보다 훨씬 더 크고 깊은 사랑이 나의 영혼을 부르며 손짓하고 있음을 깨달았고, 그 부름에 응해야만 했었지. 그런 나의 오랜 여행에 대해 진심으로 이해해 주고 인내하며 사랑을 몸소 보여준 너의 어머니에게 나는 이 세상 모든 감사와 존경과 사랑을 다 전해도 모자랄 듯 싶구나.

눈에 보이는 것만이 사랑의 전부는 아니란다. 사랑의 본질은 너무나 크고도 깊기에 눈에 보이고 손에 잡히는 그릇에 다 담아낼 수는 없는 것인지도 모르지.

여행이 막바지에 이른 어느날, 내가 여행을 하게 된 큰 목적 중 하나가 네게 인생의 진리를 전하고자 함은 아니었을까 하는 생각이 들었다면, 너에겐 그저 변명처럼만 들릴까?

앞으로 이 편지를 통해 여행에서 배운 일곱 가지 깨

달음을 네게 전하려 한다. 이것을 네 인생에 적용하며 살아간다면 지금보다 훨씬 더 행복하고 풍요로운, 네가 진정 원하는 인생을 일구어 나가게 되리라 믿는다.

　네가 진정으로 원하는 삶을 살고 행복해질 수만 있다면, 이 편지가 네 인생에 줄 수 있는 가장 큰 선물이자, 나에게도 가장 큰 선물이 될 수 있으리라 믿는다. 부디 행복하거라.

너를 사랑하는 아버지로부터

노트에 쓰여진 아버지의 편지는 그렇게 시작되고 있었다. 편지 내용은 평소 내게 보이던 아버지의 모습과는 많이 다른 것이었다.

나는 어리석게도 아버지가 세상을 뜨신지 십 년이 지난 지금에 와서야, 손수 남기신 편지의 한 부분을 읽고 아버지가 마음에 품고 계셨던 크고 넓은 사랑을 조금이나마 깨달을 수 있었다.

겉으로 보이는 아버지의 모습 뒤에 사랑과 자상함을 담은 '아버지의 마음'이 있었다는 사실을 예전의 나는 알지 못했다. 그런 아버지의 마음은 지금 아이를 가진 내게도 존재하며 시간이 많이 흐른 후 나와 아들이 갈등을 겪는 중에도 여전히 존재할 것이다. 불완전한 인간으로서 아버지라는 겉모습 이면에 숨은 '아버지의 사랑'이라는 이름으로. 그 마음은 모든 시간과 갈등을 초월하여 세상이 이어지는 한 영원히 존재하겠지. 아버지와 아들이라는 관계가 세상에 존재하는 한은 영원히……

"아빠! 엄마가 밥 먹으래."

방문이 열리더니 윤서가 문틈으로 고개를 쑥 내밀며 말했다.

"어른한테 말할 때는 '식사하시래요' 하는 거라고 했었지?"

순간 나도 모르게 아들을 향한 사랑이 가슴으로부터 벅차올라 왈칵하고 샘물이 넘쳐 흐르듯 눈시울이 뜨거워졌다. 방문 손잡이를 잡고 매달려 있는 윤서의 손을 잡고 그 작지만 완전한 생명을 끌어당겨 품에 안았다. 아이의 보드라운 머릿결이 느껴졌다.

"아이 따가워! 아빠 수염!"

밀쳐내면서도 까르르 해맑게 웃는 아이의 얼굴을 본다.

'너 역시 과거의 나처럼 그렇게 아버지로부터 멀어지겠지? 겉으로 보이는 모습만을 기억하며.'

지금부터 나 스스로 바뀌지 않으면, 사랑을 표현하지 않으면, 아들에게 편안한 친구처럼 다가가지 않으면, 다시 나와 아버지가 겪었던 시간들이 반복될지도 모른다. 작은 개울도 오랜 시간이 지나면 큰 강이 되어 건너 마을 사람들을 멀어지게 하듯이. 작은 어색함이라도 생기는 즉시 떨쳐버리고 더 자주 사랑한다고 말해야 한다. 돌이켜보면 아이가 일곱 살이 된 지금, 녀석이 훨씬 더 어린 아이였을 때보다 사랑한다고 말하는 횟수가 많이 줄어든 게 사실이다.

문득 얼마 전 회사 화장실 벽에서 보았던 오늘의 명언 코너의 시 구절 중 한 부분이 떠올랐다.

보여줄 수 있는 사랑은
아주 작습니다.
그 뒤에 숨어 있는
위대함에 견주어보면.

- 칼릴 지브란

내가 아들에게 내가 갖고 있는 사랑의 천 분의 일도 제대로 보여주지 못하며 살아왔듯이, 내 안에 존재하는 사랑이 내 스스로 깨닫고 있는 것보다 훨씬 더 크듯이, 내 아버지의 사랑 또한 겉으로 보여주셨던 모습보다 훨씬 더 큰 사랑임을 조금만 더 일찍 깨달았더라면…….

아버지가 돌아가신 후 많은 시간이 지났기 때문일까? 지난 십 년이라는 세월 동안 결국은 당신과 하지 못했던 화해를 돌이켜 곱씹어 보았기 때문일까? 낡은 마음의 벽돌들이 조금씩 허물어지는 듯한 느낌이 들었다. '살아계실 때 일찍부터 그렇게 표현해 주셨더라면……' 하는 서운함과 진작에 마음을 열지 못했던 나 자신에 대한 자책이 동시에 밀려왔다.

"아빠가 우리 윤서를 얼마나 사랑하는지 알지?"

나는 아들을 더욱 꼭 껴안으며 온 마음을 담아 전했다. 언제까지나 잃지 않으리라, 너의 몸뿐만 아니라 마음까지도. 나부터 바뀌어야 한다. 지금부터 시작한다면 어렵지 않을 것이라는 생각이 들었다.

저녁식사 준비를 마치고 몇 번을 불러도 소식이 없는 우리 부자炒에게 아내가 상기된 얼굴로 들이닥쳤다. 몇 마디 퍼부을 듯 기세등등했던 표정이 다정한 우리 부자의 모습을 보고 어리둥절함으로 바뀌더니 금세 누그러졌다.

"부자간에 분위기가 좋네요. 어서 식사하세요. 윤서도 어서 밥 먹어야지."

문득 질문 하나가 가슴속 깊은 곳으로부터 떠올랐다.

보여줄 수 있는 사랑이 작다고는 하지만, 나와 아내는 과연 얼마만큼의 사랑을 가지고 얼마만큼을 보여주며 살고 있는 것일까?

가장
위대한 사랑은
나로부터

자신을 사랑하는 방법을 배우는 것이야말로
세상에서 가장 위대한 사랑이다.

- 앤드류 매튜스

처음 나는 오랜 기아와 전쟁으로 고통 받고 있는 이들의 참혹한 실상을 사진으로 찍어 세상에 알려야 한다는 생각에 에티오피아로 떠났단다. 그것이 내가 할 수 있는, 사랑으로 세상을 바꾸어놓을 수 있는 유일한 방법이라 여겼지.

인도의 뭄바이를 경유해 수십 시간을 비행한 끝에 에티오피아의 수도 아디스아바바에 도착할 수 있었다. 에티오피아의 실상은 알려진 대로, 아니 그보다도 훨씬 더 참혹했단다. 수많은 사람들이 굶주림과 내전을 피해 고향을 버리고 도시로 상경하고 있었다. 그들은 화장실도 없어 여기저기 오물과 뒤섞인 채로 살아가고 있었고, 하나의 천막 안에만 해도 엄청난 사람들이 들어앉아 있었지. 비가 줄줄 새는 그 낡은 천막에서 많은 사람들이 약도 먹을 것도 없이 죽음을 맞이하고 있었다. 눈, 코, 입에 파리가 잔뜩 붙은 채 쓰러져 자고 있는 사람들, 영양실조로 온몸이 장작개비처럼 마르고 배는 불룩하게 튀어나온 아이들, 입 안이 곪아터져 음식이 있어도 입에 대지 못한 채 죽어가는 아이들. 어른, 아이 할 것 없이 모두 다 그렇게 서서히 죽어가고 있었다.

어느 정도 예상이야 하고 있었지만, 직접 눈으로 본 참담한 현실에 다리의 맥이 풀리고 가슴이 꽉 막힌 듯 답답해져 오더구나. 손이 떨려 카메라를 들고 작업할 엄두도 나지 않았지. 고개를 숙이니 몇 살이나 되었을까 삐쩍 마르고 눈이 퀭한 아이 하나가 멍한 눈으로 나를 올려다보고 있더구나. 그 아이의 품에는 동생인 듯한 어린 아이 하나가 잠들어 있었지. 그 모습을 보고 도저히 지나칠 수가 없어 주머니를 뒤져 사탕 하나를 찾아냈단다.

"배 많이 고프지? 네게 줄 만한 먹을 게 별로 없구나. 사탕이라도 하나 줄까?"

'사탕'이라는 말에 천막 안에 가득 들어차 있던 족히 200명은 되어 보이는 아이들의 시선이 일제히 내게 와 꽂혔다. 움직일 힘도 없어 보이던 아이들이 너나 할 것 없이 내게 달려들어 손을 내밀었지.

"김미캔디! 김미캔디! 김미캔디!"

아이들에게 떠밀려 가까스로 천막을 빠져나왔지만 어떻게 알았는지 다른 천막으로부터 뛰쳐나온 아이들까지 족히 수백 명이 몰려들어 나를 둘러싸고 사탕을 달라고 소리치기 시작했단다. 겁이 덜컥 났지. 항공기 내에서 얼핏 들은 이야기가 그제서야 떠올랐다. 아무리 마음이 안 됐어도 아이들에게 먹을 것을 주지 말라는.

수년 전의 일이었다고 한다. 한 영국인이 아프리카에 왔다가 굶어 죽어가는 아이들에게 아무것도 주지 못한 것이 내내 마음에 걸려서 다음 번 방문 때는 먹을 것을 가져와 나눠주려 했다지. 하지만 그는 살아서 고국으로 돌아갈 수 없었다고 하는구나. 먹을 것을 나눠주다가 엄청난 숫자의 아이들에게 밟혀 죽었기 때문이란다.

사실 돌이켜보면 몇백 명 정도의 힘없는 아이들에게 둘러싸여 떠밀린 일이 생명을 위협할 정도로 위급한 것은 아니었는지도 모른다. 하지만 갑자기 처한 상황에다 기내에서 들은 이야기까지 떠오르자 나는 순간적으로 크게 당황하고 놀라 두려웠던 게지.

나는 반사적으로 아이들을 밀쳐내고 그 상황에서 빠져나오려 했단다. 대부분 별 탈이 없었지만 몇몇 아이들은 나와 부딪쳐 넘어지고, 그렇게 넘어지면서 넘어져 있는 다른 아이들을 덮치기도 했지.

그 소동으로 인해 몇 명의 아이들이 약간의 찰과상을 입게 되었고 나는 그 때문에 한참 동안 그 일에 대해 괴로워했단다. 내 딴에는 뭔가 대단한 일을 해보겠다고 그 먼 곳까지 가서 고작 한 일이라곤 그다지 심각하지도 않은 상황에서 나 자신을 보호하기 위해 아이들을 다치게 한 꼴이라니……. 내가 한심스러워 견딜 수가 없었다.

'한심한 놈! 그렇게 행동할 수밖에 없었나?'

'멍청한 녀석! 고작 그런 짓이나 하려고 이 멀리까지 날아왔단 말이야? 당장 한국으로 돌아가버려! 너 따위 녀석은 동네 사진관이 딱 어울릴 팔자지!'

나는 나 자신을 향해 온갖 비난과 저주의 말들을 퍼부어대기 시작했단다. 그러자 기분이 더욱 나빠지면서 더 크게 나 자신에게 화를 내게 되었지.

그렇게 괴로워하며 며칠을 아무 일도 하지 못하고 자책감에 시달리던 나는 꿈을 접기로 결심하고, 한국으로 돌아가는 항공편을 예약하기 위해 숙소를 나섰다. 발걸음이 잘 떨어지지 않았지. 잠시 길가에 주저앉아 또다시 복잡한 생각 속에 빠져들었다. 나를 파괴하는 온갖 부정적인 생각과 감정들로 나 스스로를 괴롭히면서.

내 삶에 첫 번째 기적이 일어난 것은 바로 그 때였지.

"자네, 혹시 기자인가?"

고개를 들어보니 백발이 성성한데다 얼굴에 주름이 가득한 사람이 나를 내려다보고 있었단다. 노인이었지만 그의 눈은 유난히 맑게 빛나고 있었지. 그리고 백인인 것으로 보아 이 지역 원주민이 아닌 것은 확실한데 관광객은 아닌 듯하고, 구호 단체에서 파견된 난민촌 봉사자가 아닌가 하는 생각이 들더구나. 나는 사진작가라고 대답하려다 지금 나의 처지를 떠올리자 그렇게 말할 자신이 없어져, 그저 조용히 고개를 가로젓기만 했단다.

"며칠 전에 난민촌에서 자네를 보았지. 자네와 아이들이 벌인 소동도 봤다네. 여기서 그런 일이 그렇게 드문 일은 아니야. 아이들은 어른들보다도 훨씬 더 많이 배가 고프고, 참을 수 없어 하니까. 그런데 사진은 많이 찍었는가?"

나는 만사가 귀찮고 우울했지만 노인의 정감 가는 목소리와 미소에 이끌려 기어들어가는 듯한 소리로 겨우 대답했단다.

"저는 아무래도 사진을 찍을 자격이 없는 사람인가

봅니다.”

　노인의 얼굴은 그런 나의 목소리에도 아랑곳없이 여전히 미소로 빛나고 있었지.

　“표정을 보니 얼굴에 마치 ‘고통’이라는 글자가 새겨져 있는 것 같구먼. 며칠 전의 그 일 때문에 자책하는 건가? 자네가 이렇게 멀고 험한 곳까지 온 데에는 뭔가 큰 목적이 있었기 때문이겠지. 그저 사진을 찍는 일이라면 여기보다 훨씬 더 편안하게 아름다운 장면들을 찍을 수 있는 곳이 많았을 텐데 말이야. 내가 인생을 살아오면서 깨달은 이야기 한 가지를 들려주고 싶네.”

　노인은 약간은 고양된 톤으로 내가 평생 기억하게 될 이야기를 또박또박 전해주었단다.

　“세상에 완벽한 사람은 없다네. 실수는 누구든 할 수 있는 법이야. 하지만 우리는 실수를 통해 더 나아지는 법을 배울 줄 알아야만 해. 실수를 했다고 해서 자신을 비난하고 싫어하게 되어 인생이 더욱 괴로워진다면 비난이 도대체 무슨 소용이 있겠는가? 차라리 어떤 경우라도 자기 자신을 관대히 대하고 사랑하면서 좋은 마음상태를 지켜낼 수 있다면 모든 면에서 훨씬 더 나아지지

"자기 자신에게 관대해지는 것이야말로 진정으로
자신을 좋아하고 사랑하게 되는 첫걸음이라네.
그리고 자신을 사랑할 줄 아는 사람만이 남도 사랑할 수 있는 법이지."

않겠는가?”

노인은 내 어깨를 두드리면서 마지막 말을 마치고 어디론가 사라져버렸지.

“자기 자신에게 관대해지는 것이야말로 진정으로 자신을 좋아하고 사랑하게 되는 첫걸음이라네. 그리고 자신을 사랑할 줄 아는 사람만이 남도 사랑할 수 있는 법이지.”

노인의 말은 오래도록 나의 귓가에 맴돌고 있었다. 나는 한참 동안 그 자리에서 꼼짝도 않고 앉아 생각했단다. 내가 가지고 있던 태도와 노인의 이야기 중 어떤 것이 내게 더 큰 도움이 되는 것일까 하고 말이다.

결국 나는 나 자신을 용서하고 더욱 관대해지기로 결심했다. 실수는 누구든 할 수 있는 것이라고, 다시 그 같은 실수를 반복하지 않으면 된다고 스스로에게 격려해주었지. 그랬더니 그 즉시 마음이 한결 편안해지고, 평화로워지더구나.

그리고 머나먼 곳까지 나를 이끈 목적에 대해서 다시 떠올릴 수 있게 되었지. 진정으로 중요한 것은 ‘실수’가 아니라, ‘목적’ 이라는 사실을 깨달을 수 있게 되었단다.

나는 그렇게 실수를 극복하고 많은 사진들을 찍을 수 있었고, 그 사진들로 인해 한국에 돌아와 아프리카의 기아를 알리고, 그들을 돕는데 보탬이 되었지. 더불어 사진작가로서 인정받을 수 있는 계기가 되었단다.

나는 그 사건 이후로 점점 더 나를 비난하는 일을 줄여나가게 됨으로써 더욱 평화롭고 긍정적인 마음 상태를 유지할 수 있게 되었지. 그러던 어느 날 나 자신을 사랑한다는 것이 어떤 것인지 깨닫게 되었단다. 그리고 그 결과 인생의 많은 일들에 있어서 훨씬 더 좋은 결과를 얻을 수 있게 되었지.

얼마 전 한 친구로부터 에티오피아의 소식을 듣게 되었단다. 에티오피아는 이제 내전도 끝나고 가뭄을 슬기롭게 극복한 탓에 기아 난민도 사라지고 점점 더 풍요로운 땅으로 바뀌어 가고 있다는구나. 하지만 아프리카에는 여전히 수많은 굶주린 이들이 있다는 것을 꼭 기억해야겠지.

그들에게 축복이 있기를! 그리고 우리 모두에게도 축복이 함께 하기를!

아버지가 남긴 편지의 첫 번째 부분을 읽으며 나는 마치 돌아가신 아버지와 다시 만나는 듯한 기분이 들었다.

인류를 향한 커다란 꿈과 사랑을 쫓아 멀고도 아득한 미지의 대륙으로 떠났던 아버지가 자신을 향한 작지만 충만한 사랑을 깨닫고 돌아오셨다는 데 대해서 약간은 아이러니하게 느껴졌다. 지금까지 아버지에 대해 마음의 문을 꼭 닫고 있었기에 베일에 가려진 듯 미처 내가 알지 못했던 아버지의 구체적인 삶의 모습들이 편지를 통해 서서히 드러나고 있었다.

이 편지들을 다 읽어갈 때쯤에 나는 아버지에 대해 어떤 마음을 갖게 될까? 궁금하면서도 다른 한편으로는 그런 질문이 우습게만 느껴졌다. 아버지는 이미 돌아가시고 안 계신데, 그게 무슨 의미가 있을까?

"아빠! 아빠!"

아내와 함께 거실에서 놀고 있던 윤서가 방문을 벌컥 열어젖히더니 아버지의 노트를 읽고 있던 내게 달려들었다.

"왜? 왜?"

윤서는 별것 아니지만 이렇게 대답해 주는 것을 무척이나 즐거워했다. 한 번 '아빠' 하고 부르면 한 번 '왜'라고 대답하고, 세 번 '아빠' 하고 부르면 세 번 '왜'라고 대답하는 아이다운 말장난. 가끔 열 번씩 연달아 아빠를 불러댈 때면 내가 좀 지치기는 하지만 아빠가 그만큼 신경을 써주고 있다고, 사랑해 주고 있다고 느끼는 데서 기쁨을 얻는 것이라 여겼다.

"아빠, 내일부터 아침 일찍 일어나서 나랑 운동하자."

"조그만 녀석이 갑자기 운동은 무슨 운동을 하겠다는 거야? 그리고 아빠는 밤에 할 일이 많아서 아침에 일어나기 힘들어."

"텔레비전에서 그러는데 운동 안 하면 빨리 죽는데. 술 많이 먹고 담배 피워도 빨리 죽는데. 일 너무 많이 해도 빨리 죽는데. 근데 아빠는 세 개 다 하잖아. 아빠 빨리 죽으면 어떡해."

윤서는 울먹이며 말을 잇다가 말이 끝나자마자 '엉엉' 하고 울어버렸다. 나는 그런 아들이 대견스럽기도 하고 다른 한편으로는 나 역시 평소 운동이라도 좀 해야겠다는 생각이 있었기에 윤서와 함께 운동을 시작하기로 약속해 버렸다.

"괜찮아. 괜찮아. 아빠 빨리 안 죽을 거야. 윤서가 하자는 대로 당장 운동도 하고 담배도 끊고 하면 괜찮을 거야."

"정말 약속할 거지?"

"그래. 우리 아들 벌써 다 컸네. 아빠 걱정을 다 해주고. 자, 약속!"

아직 채 마르지 않은 눈물이 글썽이는 눈으로 웃는 윤서와 나는 새끼손가락을 걸고 약속했다.

다음날 아침, 윤서는 정말로 자명종 시계에 맞추어 아침 6시에 자리를 털고 일어나 나를 깨우기까지 했고, 우리는 근처 공원으로 나가 함께 공도 차고 즐거운 시간을 보냈다. 나는 원래 저녁잠이 없고, 아침잠이 많았기에 어린 시절이나 지금이나 아침이면 늘 조금이라도 더 자느라 정신이 없었는데 아들 덕분에 일찍 일어나보니 상쾌하기 그지없었다.

하지만 그런 기분도 잠시뿐, 이틀째 되던 날은 윤서도 나도 예전처럼 늦잠을 자버렸다. 작심삼일이라는 말도 있는데, 이틀 만에 실패하고 나니 나 스스로 생각하기에도 너무 어이가 없었고, 어린 아들과의 약속인데 이 지경이 되고 말았으니 창피하기도 해서 더욱 기분이 좋지 않았다. 큰 결심도 아니고 아침에 일어나겠다고 정한 시간조차 지키지 못한 나 자신이 싫어지고 한심하게 느껴졌다.

그날은 하루 종일 좋지 않은 일들이 꼬리에 꼬리를 물고 일어났다. 출근길 운전 중 옆 차가 갑자기 끼어드는 바람에 겨우 사고를 면했고, 회사에서 부하직원들은 온통 실수투성이였으며, 식당에서는 종업원이 실수로 물컵을 엎지르는 바람에 옷이 젖어버렸다. 처리해야 할 일들은 밀려 있는데 일은 손에 잡히지 않아 다음날로 일을 미루고 일찌감치 퇴근해버렸다.

윤서는 아빠가 일찍 퇴근했다며 무척이나 신이 나서 까불거리다 내 표정이 그다지 좋지 않은 것을 보더니 슬슬 눈치를 보며 물었다.

"아빠, 오늘 일찍 집에 왔는데 왜 그래?"

"응, 뭐가?"

"아빠, 화났어?"

"화난 거 아니야. 기분이 좀 안 좋은 일이 있어서 그래."

“왜?”

나는 하루 동안 있었던 이런 저런 일들을 떠올리다가 일일이 설명하기도 귀찮아서 한마디로 일축해서 말해 버리고 말았다.

“아침에 일찍 일어나기로 해놓고 늦게 일어났으니까 그렇지 뭐.”

“이상하네. 나는 오늘 기분 좋았는데?”

“아빠는 오늘 안 좋은 일이 잔뜩 있었어.”

그렇게 말하고 보니 오늘 하루 종일 있었던 모든 불쾌한 일들이 기분 나쁜 아침에서 시작된 것은 아닌가 하는 생각이 들었다. 운전 중에 누군가 갑자기 끼어드는 일이야 늘 있는 일이지만 더더욱 끼워주지 않으려다 보니 사고의 위험이 생겼던 것이고, 나의 심한 저기압에 직원들의 실수가 늘었을 수도 있으며, 식당에서도 나의 짜증스러운 태도로 컵을 잘못 엎지른 것일 수도 있지 않을까?

“윤서는 아침에 늦게 일어났는데도 낮에 기분이 괜찮았니?”

“응! 왜? 그것 때매 아빠 하루 종일 기분 나빴어?”

"으응……"

나는 당황하며 말끝을 얼버무릴 수밖에 없었다. 어린 아들조차도 금세 실수를 잊고 즐겁게 지낼 수 있었는데 나는 아침의 일 때문에 오늘 하루를 망쳐버렸다는 것을 깨달았다. 나는 그제서야 아버지의 편지 내용이 다시 떠올랐다.

어떤 일에도 자신을 비난하지 말라.
실수에 신경쓰기보다는 항상 좋은 감정을 유지하라.
어떤 경우라도 자신을 좋아하도록 하라.

나는 편지를 읽으면서 아프리카로 떠난 아버지와 같이 거창하고 대단한 일에만 이 이야기를 적용할 수 있으리라고 생각했었다. 하지만 아들의 얘기를 듣고 보니 작고 사소한 일에서부터 바꾸어 나가야 한다는 것을 깨달을 수 있게 되었다. 늦잠을 잤다 하더라도 그런 자신을 비난할 필요도 없고, 기분이 나빠질 필요도 없고, 그런 자신을 싫어할 필요도 없는 것이다. 지나간 일들을 마음에서 털어내고, 그저 지금 해야 할 일에만 마음을 쏟으면 되는 것이다. 성경의 한 구절이 떠올랐다.

　너희가 돌이켜 어린 아이들과 같이 되지 않으면
결단코 천국에 들어가지 못하리라.

　앞에 앉아 나의 얼굴을 쳐다보면서 방글거리며 웃고 있
는 윤서가 더욱 사랑스럽게 느껴졌다.

《여성 : 자유로운 여성이 되라》중에서
- 오쇼 라즈니쉬

그대 자신에게 가혹하지 말라.
좀 더 부드럽게 대하라.

그대 자신을 보살펴라.
그대 자신을 용서하는 법을 배워라.

몇 번만 용서하는 게 아니라.
거듭해서 자신을 용서하라.

그대 자신을 적대적으로 대하지 말라.
그러면 그대는 아름다운 꽃처럼 피어날 것이고
다른 많은 꽃들을 끌어당기게 될 것이다.

이것은 자연스러운 현상이다.
돌은 돌과 어울리고 꽃은 꽃과 어울린다.
이때 우아하고 아름다운 관계가 형성된다.

그런 관계를 맺게 되면
그대의 관계는 점점 더 성숙하여 기도가 될 것이고
그대의 사랑은 희열로 충만해질 것이다.

그리고 사랑을 통하여
그대는 신이 무엇인지 알게 될 것이다.

가슴에서
울리는
즐거운 신호

그대의 길을 가라.
남들이 무엇이라 하든 내버려 두어라.

- 단테

아프리카에서 돌아온 얼마 뒤 나는 다음 여행지로 뉴욕을 선택하게 되었단다. 뉴욕은 브로드웨이가 있는 것을 비롯해 미국에서 가장 많은 예술가들이 모이는 곳이기도 하지. 더군다나 순수 예술사진에 있어서는 가장 큰 시장을 가진 곳이기에 뉴욕은 더욱 나의 발걸음을 잡아 끌었단다.

'뉴욕' 하면 많은 것들이 떠오르는구나. 유난히 많은 일본 관광객들로 장사진을 이루고 있는 자유의 여신상, 비장한 표정으로 한 손엔 서류가방을, 다른 한 손엔 커피나 도넛을 들고 출근하는 정장차림의 사람들로 가득한 월스트리트, 헬렌 켈러가 만약 사흘 간이라도 눈을 뜨게 된다면 꼭 보고 싶다고 했다던 메트로폴리탄 박물관, 성질 급하고 과격한 옐로우캡 택시 운전자들, 뉴욕 맨해튼에 속하는 지역이면서도 인근의 마천루들이 즐비한 거리와는 너무나도 대조적인 분위기인 흑인들의 거리 할렘, 그리고 인공으로 만들어진 공원이지만 오히려 자연미로 가득하던 센트럴 파크도.

센트럴 파크는 도심 한가운데 그런 공원이 있다는 게

믿겨지지 않을 정도로 엄청나게 넓고 푸르른 공원이었지. 공원에는 조깅을 하는 사람들과 내리쬐는 햇볕 아래 일광욕을 즐기는 사람들, 그리고 가족과 함께 한가로운 오후를 즐기는 사람들이 눈에 띄었단다.

공원 이곳저곳을 둘러보며 사진을 찍던 나는 다섯 살 난 손녀와 함께 나들이를 나온 '존'이라는 사람의 부탁으로 사진을 찍어주게 되었고, 그 일을 계기로 여러 가지 이야기를 나누게 되었지. 그도 역시 사진 찍는 것을 평생 동안 취미로 해왔다고 하면서 내게 사진에 관한 이런저런 질문들을 던지더구나. 그 중에서도 내가 생각보다 훨씬 오랜 인연으로 그와 이어지게 된 것은 바로 이런 질문 때문이었지.

"그런데 어떻게 순수 예술사진 작가의 길을 선택하게 되었나요? 나도 사진을 워낙 좋아하긴 했지만 도저히 그럴 용기가 나지 않아서 결국은 취미로만 하게 되었거든요."

나는 그 질문에 대해 어린 시절부터 오래도록 묻어두었던 꿈의 먼지를 털어내고 어려운 결정을 통해 아프리카로 떠났던 이야기를 들려주었다. 내 얘기를 들은 그는

몹시 기뻐하며 자신이 자주 나가는 모임에 게스트로 초
대하고 싶다고 말하더구나. 그에 대한 좋은 인상과 여행
중이라는 특별한 기분 때문이었는지 나는 쉽게 '그러마'
하고 약속을 했지. 약간의 모험심과 호기심이 발동해 덥
석 모임에 참석하겠다고 승낙하기는 했지만, 시간이 다
가올수록 몹시 걱정이 되더구나. 낯선 이국 땅에서 생면
부지인 사람들로 가득한 모임에 참석한다는 부담감도 그
랬고, 그다지 유창하지 않은 영어실력도 은근히 걱정이
되었지. 많아 봐야 스무 명 정도 참석하는 소규모의 모임
이니 스스럼 없이 참석해도 된다고 존은 은근히 귀띔해
주었지만 말이다.

그래서 나는 그가 초대한 '내면의 소리를 따르는 사
람들'이라는 이름을 가진 모임에 참석하게 되었지. 막상
모임에 참석해 보니 나의 괜한 걱정과는 달리 모두들 무
척이나 밝고 활달한 성격과 편안한 인상을 가진 사람들
이어서 편안하게 이야기를 나눌 수 있었단다. 분위기가
무르익어 가자 모임의 회장이 흩어져 이야기하던 사람들
의 주의를 모은 후 진행을 하더구나.

"오늘도 변함 없이 모임에 참석해 주신, 그리고 처음

참석해 주신 모든 분들께 감사드립니다. 세상이 바뀌어 가고 있습니다. 어떤 분야에서든 타인의 곱지 않은 시선과 편견을 벗어버리고, 자기 내적으로는 두려움을 벗어 던지고, 마음속에서 들려오는 내면의 소리가 이끄는 대로 진정 나 자신이 즐겁고 행복한 일에 마음을 집중하고 길을 찾아가기만 하면 최고의 성공과 행복한 삶에 다다를 수 있는 세상이 되어가고 있습니다. 오늘 모임에서는 지난번에 말씀드렸던 대로 클린마스터의 창업자이자 초대회장이신 윌리엄 존슨 씨를 모시고 이야기를 들어보도록 하겠습니다."

박수소리와 동시에 세미나 룸의 문을 열고 들어온 윌리엄 존슨은 '초대회장'이라는 직함이 주는 느낌과 어울리는 노인이었단다. 그는 머리가 희끗희끗했지만 체구가 크고 무척 단단한 느낌을 주는 인상이었고, 얼굴에 드러난 은근한 미소가 아주 매력적으로 느껴지는 사람이었지. 또 일흔이 다 되었을 듯한 나이임에도 너무나도 건강하게 빛나 보이기까지 했단다.

"안녕하십니까 여러분. 이렇게 만나 뵙게 되어서 반

갑습니다. 저는 클린마스터라는 청소 용역회사를 창업하고 경영하다가 얼마 전부터 현직에서 물러나 있는 윌리엄 존슨이라고 합니다. 아마 저희 회사에 대해서는 많은 분들이 이미 알고 계실 줄로 믿습니다. 지금은 이 분야에서는 세계에서 가장 큰 회사가 되었고 유명한 하이테크 기업들보다도 수익 면에서 크게 앞지르는 성장을 했다고 여러 번 신문에 보도되기도 했으니까요.

평소 저와 친분을 가지고 지내던 이 모임의 회장인 리차드의 간곡한 부탁으로 이렇게 참석하게 되었답니다. 사실 저는 여기저기 불려 다니는 것을 좋아하지 않아서 오늘 이 자리에도 나오지 않으려고 생각했었지만 모임의 이름을 듣고서는 그 생각을 바꾸었지요. 여러분들이 추구하는 바와 마찬가지로 저 역시 내면의 소리에 따라 평생을 너무나 즐겁고 행복하게 살아왔고, 지금의 회사와 같은 멋진 공간을 창조해 내었기 때문입니다.

저는 어릴 적부터 청소하기를 무척이나 좋아했답니다. 얼마나 좋아했느냐 하면 우리집 청소를 하는 것만으로도 모자라 온 동네의 집들을 다 돌아다니며 청소를 해 주겠다고 벼를 정도였으니까요. 쓸고 닦고 정리를 하고

난 뒤에 느끼는 뿌듯함이란 참으로 비할 데 없이 기쁜 것이 아니겠습니까?"

그의 편안한 입담과 넉살에 사람들이 모두 웃음을 터뜨렸지.

"그런 저를 보고 저희 식구들은 모두 미쳤다고 했습니다. 사실 그럴 만도 했지요. 어릴 때만 청소에 미친 것이 아니라 더 자라서 공부를 하고 대학을 가기 위해 준비해야 할 시간에도 늘 청소에 대한 생각으로 가득 차 있었으니까요.

'어떻게 하면 더 빠르고 깨끗하게 청소할 수 있을까?' '어떻게 하면 더욱 효과적으로 청소할 수 있을까?' 하는 질문에서부터 '어떻게 하면 사람들이 더욱 즐겁게 청소하도록 도울 수 있을까?'라는 질문까지 말입니다.

저는 우리집 골칫거리 중의 하나였고, 천덕꾸러기 취급을 받았습니다. 더 편리한 청소도구를 발명한답시고 며칠 밤을 새우다가 집에서 쫓겨날 뻔한 일도 있었답니다. 그런 수난을 겪는 와중에 사실 저도 한동안은 꽤나 방황하며 고심하기도 했지요. '정말 이렇게 살아도 되는 것일까?' '정상적인 생각이 들어박힌 사람이라면 모두가 더 편안한 사무실에서 편안하게 일하기 위해 머리를 싸매고 있는데 이러다 정말로 나만 인생을 망치는 것은 아닐까?' 하고 말입니다.

그 당시만 해도 청소를 직업으로 하는 사람들이란 어렵고 힘들게 살아가는 불법체류자나 이민자들이 대부분이었고, 청소와 관련된 일에서 정규직이란 아예 존재하지도 않았기에 저의 커다란 열망만큼이나 불안 역시 클 수밖에 없었지요. 하지만 저는 결국 남들이 뭐라 하든 제가 좋아하는 일을 선택했고, 제 내면의 소리에 귀 기울이고 따랐습니다. 그 소리에 따라 저의 길을 택했습니다.

사실 그 시절만 해도 지금과 같이 청소를 대행해 주는 업체라는 것은 존재하지도 않았지요. 병원과 같은 큰 시설들은 미리 연락도 없이 갑작스럽게 그만두는 일용 계약직의 미화원들 때문에 골머리를 앓고 있었습니다.

그래서 저는 청소를 대행해 주는 서비스를 하겠다는 작은 아이디어를 냈고, 다섯 명의 직원을 뽑아 저의 완벽하고도 놀라운 스피드를 자랑하는 청소기술과 도구들을

전수했습니다. 그 결과는 제게 엄청난 성공을 가져다 주었지요. 청소를 대신해 주는 엄청난 규모의 새로운 시장을 개척하게 된 겁니다!

저는 지금도 가끔 생각합니다. 젊은 시절, 나를 정말로 즐겁게 해주는 이 길을 따르지 않았다면, 남들의 만류와 손가락질을 견뎌내지 못했다면 지금 나의 인생은 어떻게 달라져 있을까 하고 말입니다. 저는 놀이처럼 즐거운 일을 하면서도 너무나 값진 인생의 선물을 받아온 것입니다.

그러니 여러분들도 주위의 반대와 저항에 굴하지 말고 내면의 소리를 따라 꿋꿋하게 자신의 길을 가도록 하십시오. 아무리 하찮아 보이거나 사소해 보이는 일이더라도 가슴이 뛰고 즐거운 느낌이 있다면, 그런 가슴의 느낌을 따라가도록 하십시오. 바로 거기에 인생의 진정한 행복과 성공의 비결이 담겨 있는 것입니다!"

내면의 소리에 귀를 기울여 가슴 뛰는 삶을 살라!
참으로 감동적인 이야기가 아니더냐! 이야기만으로도 이토록 감동적인데 그와 같은 삶을 직접 살아낸다면 그

내면의 소리에 귀를 기울여 가슴 뛰는 삶을 살라!
이야기만으로도 이토록 감동적인데 그와 같은 삶을 직접 살아낸다면
그것은 또 얼마나 감동적인 일일까?

것은 또 얼마나 감동적인 일일까?

　나는 그 순간 문득 깨닫게 되었단다. 그때까지 나는
‘내면의 소리에 귀를 기울이며 가슴 뛰는 삶을 산다’는
표현을 떠올린 적이 없었지만, 꿈을 이루기 위해 아프리
카로 떠나기로 결심한 순간부터 이미 그러한 삶을 살아
가고 있었다는 것을.

　아들아! 지금 너의 내면은 뭐라고 속삭이고 있느냐?
너는 지금 어떤 기쁨과 가슴 두근거림으로 인생의 길을
따라 걷고 있느냐? 아니면 혹시라도 두려움이나 주변의
부정적인 이야기에 발목이 잡혀 있는 것은 아니냐?

"김 차장님. 회의시간 다 돼가는데요. 회의 들어가셔야죠. 뭘 그렇게 멍하게 계세요?"

옆자리의 이 대리가 생각에 빠져 있는 나를 깨웠다.

"으응. 그래. 들어가야지."

"무슨 생각을 그렇게 골똘히 하세요?"

"그럴 일이 좀 있어서. 그런데 이 대리는 진정한 내면의 소리에 따라 살아간다는 것에 대해서 생각해 본 일이 있나?"

이 대리는 순간 휘둥그레 큰 눈을 깜박이며 멍하니 나의 얼굴을 바라보았다.

"무슨 고민이라도 있으세요? 오늘 차장님 웬일로 술이 좀 땡기시나 보죠? 오늘 한잔 쏘시면 제가 받아드리죠."

술 좋아하는 사람에게는 뭐든 술 한잔 할 건수로 보이는 모양이다. 괜한 걸 물었다 싶은 후회가 들었다.

"술이 그렇게 좋나? 결혼한 지 얼마 되지도 않은 사람이 와이프한테나 충성할 것이지. 됐네. 어서 회의나 들어가지."

말은 그렇게 하면서도 가슴 한 구석에서 약간은 불편한 느낌이 일어났다. 나 역시도 일을 해야 한다는 핑계로 가정에 그다지 충실하지 않았던 것이 사실이었기 때문이다. 이

대리가 술에 시간을 뺏기고 있다면 나는 일에 대해서 시간을 뺏기고 있었다. 지금까지 그 대상이 일이기 때문에 괜찮다고 면죄부를 주었을 뿐.

나는 지금 나이 서른다섯에 외국계 IT 회사의 차장을 맡고 있다. 동창회나 모임에 나가면 대부분이 나를 부러워했다. 빠른 승진과 높은 연봉 때문이었다. 굳이 비교하자면 친구들 중 어느 맞벌이 부부의 수입보다도 내가 훨씬 더 많이 벌고 있는 것이 사실이었다.

되돌아보면 대학에 진학한 후 졸업하고 직장생활을 하는 몇 년 동안 참 열심히 뛰었다. 대학 시절엔 시간을 아끼기 위해 밥을 굶어가며 아르바이트와 공부를 병행한 적도 있었다. 직장생활을 시작하고 나서는 더 높은 연봉과 빠른 승진을 위해 밤샘 작업도 마다하지 않았다. 남들보다 몇 배로 집중해서 일했고, 특별히 야근이 없는 날에도 새롭게 앞서가는 기술을 익히기 위해 밤늦도록 회사에 남아 원서를 뒤적여 가며 공부했다. 헤드헌터를 통해 더 나은 회사에 더 높은 연봉으로 스카우트 제의를 받고 옮기기를 몇 차례 하면서 지금의 자리에 이르게 되었다.

　남보다 더 빨리 승진하고, 연봉이 오르고, 더 나은 회사로 옮기면서 성취감과 행복감을 느낄 수 있었지만 그런 시간은 잠시뿐이었다. 마음은 언제나 현재에 만족하지 못하고 더 높은 고지를 점령해야 한다고 끊임없이 재촉하고 있었으니까 말이다. 무언가를 이루고 나면 또 그 다음 이루어야 하는 것 때문에 스트레스에 시달려야 했다.

　나는 언제부턴가 이런 생활의 끝이 어디인가에 대해 계속해서 되묻고 있었다. 처음 직장생활 후 몇 년 동안은 새로운 일을 배우는 재미와 젊은 혈기로 앞만 보며 달릴 수 있었다. 하지만 시간이 가면 갈수록 이런 모든 일들이 시들해져 갔다. 앞날이 훤히 보이는 것만 같았다. 노후를 대비하고 처자식을 먹여살려야 한다는 이유로 즐겁지도 않은, 그 일이 그 일인 생활 속에 묻혀 늙어갈 것이다.

　요즈음 내 생활 자체가 조금씩 더 허무하고 무의미하게 느껴지고 있었다.

　"김 차장. 오늘 저녁이나 같이 하지."

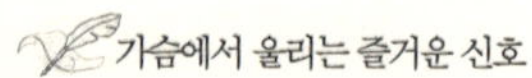
가슴에서 울리는 즐거운 신호

오늘 무슨 일인지 박 이사가 말을 걸어왔다.

박종철 이사는 이 업계에서 그야말로 입지전적인 인물로 알려져 있었다. 정규적인 최종학력은 국졸이라 중고등학교를 모두 독학과 검정고시로 패스하고, IT 업계에 몸담은 후 고군분투 끝에 지금의 자리에 올랐다. 웬만하면 나중에라도 대학 졸업장을 받기 위해 어디든 갔을 만도 한데, 굳이 자신의 보잘것없는 학력을 고수할 필요가 어디에 있었을까? 어쨌든 이제 곧 60대에 접어들 나이인 그는 지금 백전노장의 연륜과 실력으로 승부하고 있었다. 이 업계의 살아 있는 신화이자 역사라고 해도 과언이 아닐 것이다.

우리는 회사 근처에 있는 일식집에서 저녁식사를 하게 되었다. 나는 밀린 업무 탓에 저녁식사 후에도 다시 자리로 들어가 보아야 할 처지였기 때문이었다.

"어쩐 일이십니까? 저를 따로 다 불러주시고."

박 이사와는 업무에서 관계 있는 부분이 없기 때문에 마주칠 일이 거의 없었다.

"어. 별다른 일이 있어서 그런 것은 아니네. 거 왜 있잖은가, 내 유일한 취미. 이런저런 사람들하고 한 번씩 번갈아 가면서 식사도 하고, 이야기도 나누고 그러는 거. 허허허."

그는 사람 좋은 듯한 너털웃음을 보였다. 특히 웃는 모습이 아버지를 닮았다는 생각이 들었다. 살아계셨다면 나이대도 비슷했을 것이다. 식사를 하며 담소를 나누던 중 문득 그의 이야기가 궁금해졌다.

"이런 질문 드려도 될지 모르겠습니다만……."

"뭔데? 뭐든 어려워 말고 얘기해 보게."

"박 이사님은 지금과 같은 인생에 만족하십니까?"

그는 얼굴에 흐뭇한 미소를 띠고 고개를 몇 차례 끄덕이며 대답했다.

"그렇지. 나는 내 인생에 만족한다네. 나는 최선을 다해 열심히 살아왔고, 아무런 후회도 남기지 않았다네. 앞으로도 지금과 같이 살다가 때가 되면 세상을 뜨게 되겠지. 허허허."

"하지만 저는 지금 저의 인생에 만족하는 마음이 들지 않습니다. 박 이사님만큼은 아닐지 몰라도 저도 나름 최선을 다해 열심히 살아왔지만 말입니다."

"글쎄. 그저 최선을 다하고 열심히 산다는 것만으로 인생에 있어서의 온전한 만족감을 느낄 수 있다고는 생각지 않네."

"네? 그럼 어떻게?"

"자네도 알다시피 나는 검정고시로 고등학교 과정을 마친 얼마 후 그 당시 막 태동하고 있던 이 업계에 발을 들여놓게 되었어. 그 후 시간이 지나면서 나의 기술도 점점 더 향상되었지만, 대학에 관련 학과가 생기고 취업생들이 쏟아져 나오면서 나의 입지는 점점 더 좁아져만 갔지. 그 당시 주변의 많은 사람들이 내게 조언을 해주었어. 늦었지만 대학에 다시 가서 배우고 오던지, 아니면 그만두고 다른 일을 하는 게 더 낫지 않겠느냐고. 하지만 나는 그럴 수 없었다네."

"왜 그러셨죠?"

"나는 이 일이 너무나 즐거웠거든. 남들은 노는 게 좋다지만 나는 이 일을 할 때 가장 즐거웠다네. 또 때로는 너무나 깊이 몰두한 나머지 나 자신이라는 존재조차 잊게 될 때도 많았지. 불교에서 하는 말로 치자면 몰아의 경지라고 할 수 있을까? 허허허."

"어째서 대학에서 더 공부하지는 않으셨나요?"

"대학? 사실은 도중에 대학에 잠깐 공부하러 간 일이 있긴 했지. 하지만 그렇게 일을 즐기는 내게는 그다지 배울 만한 게 없더군. 실무에 통달한 나로서는 이미 다 알고 있는 내용이었지. 그래서 한 학기도 채우지 못하고 그만둬 버렸어."

그는 잠시 과거의 회상에 빠진 듯 하더니 웃음지으며 말을 이었다.

"나는 남들이 뭐라 하든 결코 이 일을 그만두는 것은 상상조차도 할 수 없었다네. 그래서 나의 인생에 만족할 수 있는 것 같네. 나는 최선을 다하기도 했지만, 내게 있어서 정말로 즐거운 일을 하며 살아왔으니까."

우연일까? 지금 이 이야기는 아버지의 편지와 비슷한 말이라 느껴졌다. 나는 조심스럽게 물었다.

"내면의 소리를 따르신 거라고도 할 수 있을까요?"

"내면의 소리? 그래. 그렇게 표현할 수도 있겠구만. 나는 이 일을 할 때 기분이 좋았고, 나는 가슴에서 울리는 즐거움이라는 신호를 따라왔던 거니까."

그의 경우에는 분명 지금 하는 일이 자기 내면의 소리를 따른 결과이며, 진정한 기쁨의 길을 따른 것이라 할 수 있었다. 하지만 나의 경우는 그와는 달랐다. 왜냐하면 나는 분명

남들이 보기에는 너무나 잘해 나가고 있지만 기쁘게 일하는 것은 아니었기 때문이다. 그렇다면 과연 나는 어떤 일을 통해서 진정한 기쁨을 느낄 수 있는 것일까?

문득 어린 시절의 기억이 떠올랐다. 초등학교 때였을 것이다. 육교를 건너던 중에 만났던 머리가 온통 하얗게 세고 얼굴엔 주름이 자글자글한 할머니. 아무런 힘도 없어 보이는 할머니는 자식에게 버림을 받았는지 육교에 엎드려 구걸을 하고 있었다. 나는 주머니를 몽땅 털어 할머니께 드렸다. 텅 비어 있던 할머니의 바구니는 내 주머니에서 나온 동전들로 채워졌다. 그래 봐야 십 원짜리와 오십 원짜리 몇 개가 전부였지만.

동전이 짤그랑거리는 소리에 고개를 든 할머니와 나의 눈길이 마주친 순간 떠오른 할머니의 미소. 정확히 기억나진 않지만 어쩌면 그때 나는 처음 가슴을 가득 채우고도 넘치는 행복을 맛보았는지도 모른다. 며칠간 애지중지 모아왔기에 작은 나의 주머니를 가득 채우고 있던 동전을 다 털어냈지만, 여러 권의 만화책을 읽고 번데기를 사먹는다 해도 그만

한 행복을 얻을 순 없다는 사실을 처음 깨달았다.

하지만 지금 나의 모습은 어떤가? 이상하게도 훨씬 더 많은 것들을 소유하고 있지만 훨씬 더 불행한 삶을 살고 있지 않은가? 길을 가다 구걸하는 걸인이라도 만날라치면 '그들이 자신의 인생을 제대로 관리하지 못했기 때문'이라고 생각하며 고개를 돌려버린다. 조금이라도 돕고 싶다는 양심이 고개를 들고 일어날 때면 그들이 누군가의 사주를 받아 앵벌이를 하고 있는 거라 여기며 외면한다. 하지만 사실이 그러면 어떤가? 나보다 훨씬 더 어려운 처지에 놓인 그들에게 속아 준다 하더라도 고개를 돌리고 외면하는 것보다는 훨씬 더 큰 도움을 주지 않을까?

행복했던 과거의 기억을 떠올리는 것만으로도 마음이 훨씬 가벼워졌다. 나는 다시 곰곰이 과거의 일들을 떠올려 보았다. 또 내가 가장 행복했던 때는 언제였더라?

초등학교 2학년 때 즈음의 일이었던 것 같다. 뭔가 좀 모자라는 듯 보이는 같은 반의 여자아이에 대한 기억이 났다. 그 아이에게 어떤 정신적인 장애나 병이 있었는지는 잘 기억나지 않지만 그 아이는 나이에 비해 모자라는 행동을 자주

했고, 성적도 늘 반에서 꼴찌를 면치 못하고 있었다. 모두에게 따돌림 받는 그 아이가 어쩐지 측은하게 느껴져 나는 방과 후 그 아이의 집에 들러서 공부하는 것을 도와주곤 했다.

내가 누군가를 도울 수 있다는 것 자체로도 기분 좋은 일이었지만 늘 꼴찌만 하던 그 아이가 나의 도움으로 다음 번 시험에서 정상적이지만 공부를 하지 않은 아이들을 몇 명이나 제칠 수 있었다는 사실에 대해서 행복해 했던 기억이 났다.

그렇게 나를 행복하게 해주었던 몇 개의 기억들이 하나 둘씩 떠올랐다. 대학시절 우연히 소개팅을 통해서 만났던 여학생이 무척이나 방황하고 힘들어 할 때 그녀에게 진심 어린 조언을 해주었는데, 그것이 그녀를 감동시키고 삶에 새로운 의욕을 불러일으켜 주었던 일도 있었다. 또 어느 겨울날, 술에 취한 채 귀가하다 퍽치기를 당해 길가에 쓰러져 있던 중년의 남자를 집까지 데려다 주었던 일(사실을 말하자면 이 일이 인연이 되어 내가 도와드렸던 분이 장인이 되고, 그 딸이 아내가 되었으니 참 재미있는 일이라고 할 수 있을 것이다)도 떠올랐다.

그러고 보니 나를 가장 행복하게 해주었던 일들은 모두

누군가를 돕는데 기인한 사건이라 할 수 있을 것 같다.

　너무 오랜 시간 잊고 살았다. 바쁘다는, 가족을 부양해야 한다는, 조금이라도 더 크게 성공해야 한다는 핑계로 내게 가장 큰 행복을 주는 일들을 너무 오래 외면하며 살아왔다.

　그렇다면 아버지의 이야기를 빌어보자면 나는 나의 삶과 시간을 희생하고서라도 다른 누군가를 도우며 살아야만 한다는 뜻일까? 그것이 나의 내면의 소리에 따르는 길이 되는 것일까? 가족의 생계를 책임지지도 못할 나락으로 나를 밀어넣으면 신비로운 우주의 손길이 나를 감싸고 구원해 주기라도 한다는 것일까?

　잠깐 동안 상상의 나래 속에서 따사롭게 나를 비추던 햇살은 다시 먹구름 속으로 사라져 버렸다. 미래를 향한 전망에 다시 자욱한 안개가 드리워졌다. 눈에 보이지 않는 커다란 벽이 앞을 가로막고 있었다.

위험들 – 자넷 랜드

웃는 것은 바보처럼 보이는 위험을 감수하는 것이다.
우는 것은 감상적으로 보이는 위험을 감수하는 것이다.
타인에게 다가가는 것은 휘말리는 위험을 감수하는 것이다.
감정을 표현하는 것은 진정한 자신을 드러내는 위험을 감수하는 것이다.
자신의 생각과 꿈을 대중 앞에 내보이는 것은
그것을 잃어버리는 위험을 감수하는 것이다.
사랑하는 것은 답례로 사랑 받지 못하는 위험을 감수하는 것이다.
사는 것은 죽는 위험을 감수하는 것이다.
희망하는 것은 절망하는 위험을 감수하는 것이다.
시도하는 것은 실패하는 위험을 감수하는 것이다.

그러나 위험은 감수해야 하는 것이다.
삶에서 가장 큰 위험은
아무 위험도 감수하지 않는 것이다.

아무 위험도 감수하지 않는 사람은
아무 것도 하지 못하고,
아무 것도 갖지 못하고,
아무 것도 될 수 없다.

그 사람은 고통과 슬픔을 피할 수 있을지 모르지만
전혀 배울 수도, 느낄 수도, 바꿀 수도,
성장할 수도, 사랑할 수도, 살 수도 없다.

확실성의 사슬로 매여 있다면, 그는 노예다.
그는 자신의 자유를 박탈당했다.
오직 위험을 감수하는 사람만이 진정으로 자유로울 수 있다.

오렌지를 맛본 사람만이 아는 진리

우리는 모두 불가피한 존재들이다.
우리는 한계가 없으며, 각자가 지구에 대한 권리를 갖고 있고,
각자가 지구의 영원한 선물을 받고 있으며,
우리는 이곳에 있는 다른 모든 것처럼 신성하다.

– 월트 휘트먼

인도의 거리는 무척이나 지저분하단다. 거리를 활보하는 소를 비롯한 온갖 동물들, 흙먼지를 날리며 달리는 자전거와 자동차들, 쉴새 없이 울려대는 소음과 거리를 가득 메운 매연, 달리는 버스에 올라타고 내리는 사람들, 여기저기를 뒹구는 오물과 쓰레기들, 터무니 없이 높은 가격으로 바가지를 씌우는 사람들, 득실거리는 소매치기들, 그리고 인생에서 최고 속도를 내려는 사람들과 그들을 비웃는 듯 세상에서 가장 느린 이들이 공존하는 곳. 세상에 존재하는 모든 무질서를 다 모아놓은 듯한 곳이 바로 인도인 것이지.

하지만 인도를 오래 여행하다 보면 이런 무질서 속에서 느껴지는 뭐라 형언하기 힘든 질서와 자유가 지구상 다른 어느 곳에서도 느끼지 못했던 커다란 매력으로 다가오게 된단다. 그래서 세상의 그토록 많은 여행자들이 안락이나 청결함과는 거리가 먼 인도를 다시 찾게 되는 모양이다. 나 또한 예외가 아니어서 다섯 번이나 인도 여행길에 오르게 되었지. 이번엔 다섯 번째 인도 여행 중에 있었던 일을 이야기하고 싶구나.

남인도의 한 지방을 여행하고 있을 때였단다. 인도에서도 가장 위대한 성자가 그리 멀지 않은 곳에서 가르침을 전하고 있다고 누군가가 이야기하는 것을 들었지.

인도는 참으로 성자들이 많은 곳이란다. 그리고 많은 성자들이 있는 만큼 사이비 성자들도 득실대는 곳이지. 나는 이미 몇 번의 인도 여행을 통해 스스로를 성자라 칭하는 몇몇 사람들을 만나보았지만 그 누구에게도 신뢰가 가지 않았다. 공중부양이니 타인의 마음을 읽는다느니 하는 온갖 재주들로 사람들의 마음을 현혹시킨다 한들 그것이 과연 어떤 의미가 있을까? 정말로 높은 경지에 이른 성자라면 그와 같은 재주를 피워 사람들을 선동하고 흥분시키기보다는 차분한 말과 지도로 인생을 더욱 평화롭고 행복하게 안내해 주지 않을까?

그럼에도 불구하고 내가 그 성자에게 유난히 마음이 끌린 이유는 그가 대부분의 시간을 침묵하고 있다는 이야기를 들었기 때문이었단다. 그는 다른 성자들처럼 많은 시간 설법을 하는 것도 아니고, 특별하거나 비범한 능력을 보여주지 않는다는 점이 더욱 그에게 이끌리게 만들었지.

한낱 오렌지 맛의 본질도 먹어보지 않은 이에게는 있는 그대로 전해주는 것이
불가능한 일이거늘, 참 자아를 생각으로 헤아리고 말로 설명하여 전할 수는 없다.

나는 마침내 찾아가서 그를 만났고, 물을 수 있었다.

"인생의 진리는 무엇입니까?"

그는 마치 아이와 같이 천진한 얼굴로 두 눈을 반짝이며 너무나 짧지만 명료하게 대답했지.

"참 자아를 알게 되면 진리를 얻는다."

"그렇다면 참 자아는 무엇이고, 참 나는 누구입니까?"

"나는 그것에 대해 알려줄 수도 없고, 알려주어서도 안 된다. 그것은 오직 너 스스로 찾을 수밖에 없다."

지금 생각하면 참 우스운 일이지만, 그 때의 나는 은근히 부아가 치밀어 오르고야 말았지. 콩 한쪽도 나누어 먹는다는데, 멀리 한국에서 인도의 구석배기 산골짜기까지 찾아온 사람에게 어떻게 그토록 매정하게 대답할 수가 있는가 하고 말이다.

"그래도 아는 것을 좀 나누어 주십시오. 진리도 베풀고 나누면 좋지 않겠습니까?"

떼를 쓰는 나의 모습을 바라보는 그의 얼굴에 편안한 옆집 아저씨 같은 은근한 미소가 번졌지.

"오렌지를 먹어본 일이 있는가?"

"네. 물론입니다."

“그 맛을 내게 설명해 보게.”

“음, 오렌지는 시면서도 달지요. 그리고 오렌지 특유의 향이 나고요. 씹을 때 속 알맹이들이 터지면서 많은 즙이 흘러나오는 촉감이 느껴지고요. 그리고 또……”

“오렌지를 한 번도 먹어보지 않은 사람에게 그 맛을 말로 정확히 전해줄 수 있겠는가?”

“……”

“한낱 오렌지 맛의 본질도 먹어보지 않은 이에게는 있는 그대로 전해주는 것이 불가능한 일이거늘, 참 자아를 생각으로 헤아리고 말로 설명하여 전할 수는 없는 일이다. 만약 그리 한다면 그것은 이미 그것이 아닌 것에 대한 생각에 불과하지 않겠는가? 오렌지의 맛에 대한 설명이 진정한 오렌지의 맛이 아니듯이!”

나는 한편으로는 진정한 성자를 만났다는 기쁨과 함께 고대하던 인생의 진리를 얻지 못할지도 모른다는 절망감이 교차하는 것을 느꼈지. 성자께서는 계속 말을 이어 나가셨다.

“인생의 진리를 찾는 여행자여. 그렇다고 너무 실망하지는 말라. 그대가 찾는 것이 세상에서 가장 멀고 험난한 곳에 있는 것이 아니라 그대에게서 가장 가까운 곳에 있다는 것은 너무나도 기쁘고 다행스러운 일이 아닌가? 그대가 원한다면 나의 근처에 머물러도 좋다. 그러나 나는 참 자아에 관해 아무것도 가르쳐 줄 수 없다. 방법을 알려줄 테니 오직 그대 스스로 찾도록 하라.”

“제가 어떻게 그것을 찾을 수 있겠습니까?”

“오직 ‘나는 누구인가?’라는 질문만을 자신에게 하도록 하라.”

그날부터 나는 그의 아쉬람(인도의 수도원)에 머물면서 스스로에게 나는 누구인가를 묻기 시작했단다.

나는 누구인가?

맨 처음 나는 나의 육체가 참된 내가 아니라는 것을 알았고, 나의 생각들이 참된 내가 아니라는 것을 알았고, 내가 가진 믿음들이 내가 아니라는 것을 알게 되었단다. 그 다음 나는 내가 나 자신이라고 믿는 모든 믿음들을 하나로 묶어 놓고 그것을 ‘나’라고 여기고 있다는 것을 알았다. 하지만 그것조차 진정한 나라고 할 수 없는 것이었지. 오히려 그것은 ‘참 나’에 대한 앎을 전적으로 막아서는 것임을 알 수 있었단다. 그리고 얼마간의 시간을 보낸 끝에 마침내 나는 그분의 가르침을 어느 정도나마 이해할 수 있게 되었지.

참으로 안타까운 일이지만 내가 깨달은 것에 대해 너에게 알려주고 싶은 마음은 간절하지만, 나 또한 너에게 이것을 몇 마디 말과 글로 전할 수가 없구나. 하지만 진정한 네가 누구인지를 알기 위해 '나는 누구인가?'라고 너 자신에게 질문하도록 해보거라. 가급적이면 그것에 관한 생각에 빠지기보다는 질문에 뒤따르는 느낌에 주의를 기울여 보도록 하거라. 질문이 깊어지고 질문의 시간이 길어지면, 진정한 너의 내면에 가까이 다가섬에 따라 더 넓고 깊은 평화, 진정한 사랑, 행복과 같은 긍정적인 특성들과 더욱 가까워질 수 있게 될 테니까 말이다.

오후 4시. 나는 중요한 프로젝트의 기한을 맞추기 위해 이틀 간의 철야근무 후 평소보다 훨씬 이른 시간에 퇴근하는 중이 었다. 길이 많이 막히고 있었지만 평소와는 달리 그다지 짜 증이 나지는 않았다. 오히려 오후의 나른한 햇살과 약간의 피로를 즐기며 운전석에 앉아 이런저런 생각에 빠져 있는 것 이 더없이 평화로운 느낌을 자아낼 뿐이었다.

기분 좋게 내리쬐는 5월의 햇살이 부드럽게 얼굴을 어루 만지고 차창 밖으로 내민 팔뚝 위로 따뜻한 바람이 살랑대고 있었다. 다른 때 같았으면 신경질적으로 담배라도 한 대 피 워 물고, 갈수록 복잡해져 가는 도로 사정에 대해 투덜댔을 테지만 오늘은 오후의 햇살과 바람, 그리고 요즘 들어 틈틈 이 읽고 있는 아버지의 편지로 인한 사색들이 한데 어우러졌 기 때문인지 평소와는 다른 묘한 평온함을 느끼고 있었다.

'나는 누구인가?'

의문은 계속 메아리치며 꼬리에 꼬리를 물었지만 그것은 머릿속을 복잡하게 만드는 성질의 것은 아니었다. 이것저것 떠오르는 대로 일어나는 생각은 '잡생각'이라지만 일정한 방 향을 가진 생각들은 '사색'이라고 하지 않던가? 오히려 이런 사색의 시간을 통해 마음이 더욱 차분해지는 느낌이 들었고 더불어 마치 온 세상이 따뜻한 물을 가득 받아놓은 욕조 속에 푹 잠겨 있는 것처럼 점점 더 느려지고 있었다.

그렇게 맑고 따뜻한 깊은 물 속에서 커다란 공기방울 하나가 천천히 떠올랐다. 그것은 가슴으로부터 머리로 떠올라 퐁 하고 터지는 듯한 상쾌함과 함께 입가에 은근한 미소를 자아냈다. 뒤이어 커다란 미소가 나의 존재 전체에 번져나가는 느낌이 뒤따랐다.

나는 아무런 이유도 없이 깔깔거리며 웃었다. 대체 무슨 일이 일어난 것일까? 이것은 내 삶에 있어서 처음으로 터져 나온 진실된 웃음이었는지도 모른다. 아무것도 우스울 일도 없이 저절로 웃음이 터져 나온 것이다. 그렇기에 이것이야말로 진정한 웃음일지도 모른다는 생각이 들었다. 기쁘거나 즐거운 일이 있어서 웃는 것도 좋은 일일 것이다. 하지만 어쩌면 그런 웃음의 대부분은 외부의 자극으로부터 비롯된 반사 작용일 것이다. 파블로프의 개가 종소리에 반응하여 먹이도 없이 침을 흘렸던 것처럼.

그렇지만 저절로 떠오른 웃음은 '나는 누구인가?'라는 질문에 대한 답으로 주어진 것이었는지도 모른다. 그렇다. 나는 웃음이다! 내 존재의 깊은 곳에는 무언가 형언하기 힘들 만큼 밝고 명랑하며 전혀 심각하지 않은 어떤 것이 자리 잡고 있었다.

신호가 바뀌고도 출발하지 않자 기다리다 못한 뒤차가 경적을 울려대기 시작했다. 차를 다시 출발시킨 나는 주변이 이전보다 훨씬 더 밝아져 있다는 사실을 발견하고 깜짝 놀랐다. 이것은 결코 날씨가 흐렸다가 개었기 때문이 아니었다. 물리적인 빛의 밝기가 어두웠다가 밝아진 것이 아니었다. 내가 세상을 바라보는 눈이 바뀐 탓인 것 같았다.

갑자기 세상이 밝아지며 예전과는 확연히 다른 느낌으로 다가오기 시작했다. 차창 밖으로 길을 걷는 사람들 모두가 왠지 사랑스럽게 느껴졌다. 동행과 함께 이야기를 나누며 미소를 떠올리는 사람에게서 유쾌한 사랑이 전해지는가 하면 고개를 숙이고 찡그린 표정을 한 사람에게선 왠지 모를 측은함과 연민이 느껴졌다. 차에서 내려 어깨를 두드리며 격려해 주고 싶을 정도로! 예전에는 그저 무심히 지나쳤을 것임에

분명한 모든 사람들과 가슴을 통해 끈끈한 끈 같은 것으로
연결되어 있는 듯한 느낌이 들었다.

이것이 진짜 삶이다!

가슴에서 탄식이 저절로 흘러나왔다. 지금까지의 나는
진정 살아 있는 것이 아니었다. 살아 있다고 여기면서도 충
분한 생명감과 역동성을 느끼지 못한 채 지내왔다. 그러나
지금, 나의 가슴은 살아 춤추는 우주의 에너지와 교감하며
이루 말할 수 없는 환희로 가득 채워져 있는 것이다.

삶은 언제까지나 지루하며, 똑같은 일이 반복되는 것이
라고? 삶은 본래 허무하고도 고통스러운 것이라고? 오오! 신
이시여!(어찌된 셈인지 나는 저절로 신을 부르고 있는 것이 아닌
가?) 지금까지 나는 내가 만든 견고한 상자 속에 들어가 스
스로를 고립시키면서 그런 생각을 합리화 했던 것이다. 삶을
가슴으로 사는 것이 아니라 꽉 막힌 상자 속에 들어 박혀서
생각으로만 살아왔다는 생각이 들었다. 살아 숨쉬는 가슴을
갖기를 거부하고, 유독한 약품으로 코를 틀어막아 스스로를
박제해 놓은 그런 삶.

갑자기 온 세상이 작열하듯 밝디밝은 빛으로 가득 채워

지는 것을 보았다. 맨 처음 그 빛은 나의 내면세계를 가득 채웠고, 뒤이어 온 세상이 그 자신의 고유한 빛을 평소보다 수천, 수만 배 밝게 발하기 시작했다.

그 모습은 온 우주가 하나의 몸짓이 되어 너울거리는 지극히 아름다운 춤과 같았다. 이 궁극의 빛과 춤에서 벗어나 이것 혹은 저것 간에 분리되어 있는 것은 아무것도 없었다.

'나는 누구인가?'

찬란한 빛 속에서 나는 다시 물었다. 질문을 미처 다 끝내기도 전에 대답이 주어졌다. 마치 풀무질에 따라 불길이 활활 타오르며 춤을 추듯이, 온 세상을 감싼 거대한 빛은 스스로 빛의 파도를 일으켜 응답해 주었다.

오오! 사랑으로 가득한 우주의 빛이여! 나는 그 웅장한 빛의 파도 속에서 우주의 모든 신비를 엿보고 가장 진실한 대답을 들을 수 있었다. 내가 어디서 왔으며 어디로 가고 있는지를. 이 빛의 의식에서 볼 때, 우주 속에 있는 모든 개인의 삶에는 그 누구의 모습에도 아무것도 잘못된 것이나 엉뚱한 방향으로 가고 있는 일 따위는 존재하지 않았다. 모든 일들은 마땅히 일어날 일들이 일어나고 있는 것일 뿐이었다.

그리고 그 빛은 한 시간 정도 지속된 후 사라져 버렸고, 나는 다시 평범한 의식상태로 돌아왔다.

'도대체 무슨 일이 일어났던 것일까?' 나는 꿈을 꾸다 깨어난 듯이 어리둥절한 느낌이 들었다. 하지만 마음은 한없이 평화로웠다.

생각해 보건대 분명 '나는 누구인가?'라는 질문에 대한 답을 얻은 것 같았다. 그 답에 의하면 평소 생각하고 말하고 행동하는 일상의 나는 나의 전부가 아니었다. 내가 평소 '나'라고 여기던 것은 그 특별한 체험이 드러낸 나에 비하면 극히 작은 일부분에 지나지 않는 존재일 뿐이었다. 나는 내 생각보다 훨씬 더 크고 장대한 존재임에 틀림없었다.

나는 이 신비로운 경험이 궁금해 곧바로 집 근처에 있는 도서관으로 향했다. 몇 가지 책과 자료들을 검색한 끝에 나의 경험과 유사한 사례들을 찾을 수 있었다.

그 다음에 나는 빛이 나 자신의 내면에서 비롯된 것임을 알았다. 환희와 엄청난 기쁨이 밀려왔고 말로 표현하기 힘든 지적 광명이 일어났다. 예전에 내 삶을 밝혔던 적이 있는 우주와 자신이 하나 되는 섬광이 한 순간에 쏟아졌다. 이렇게 우주와 내가 하나가 되는 축복 한 방울이 가슴에 떨어진 이후부터 항상 내겐 천국의 여운이 함께 했다. 나는 우주가 죽은 물질이 아닌 살아 있는 존재라는 것을 알게 되었고, 인간의 영혼은 불멸하며, 우주의 모든 것들이 어떤 의심도 없이 모두의 선을 위해 조화롭게 구성되고 질서가 부여되었다는 것을 알게 되었다. 세상을 창조하는 원리는 사랑이라 부르는 것이며, 모두의 행복은 긴 안목에서 보면 확실한 것이라는 사실을 깨달았다.

- 리처드 모리스 버크(1837-1903, 캐나다의 정신과 의사, 심리학자)

거리의 먼지와 돌들이 마치 황금처럼 빛나고 있었다. 푸른 나무는 나를 무아지경과 황홀경으로 몰아넣었다. 그 감미로움과 비범한 아름다움이 가슴을 뛰게 만들었고 환희의 절정으로 거의 미칠 지경에 이르렀다. 그야말로 기묘하고도 놀라운 일이었다. 길에서 뛰노는 아이들은 모두 움직이는 보석과 같았다. 도시가 마치 에덴과 천국 속에 세워진 것처럼 보였다. 그들의 반짝이는 눈과 투명한 피부와 불그스레한 얼굴만큼이나 거리도, 사람들도, 그들이 입은 옷과 보석도, 하늘도, 해와 달과 별들까지도, 모든 세계가 나의 것이었으며 나는 유일하게 그것을 목격하고 즐기는 사람이었다.

- 토머스 트래헌(1627-1674, 영국의 시인, 성직자)

집으로 향하는 길에 나도 모르게 콧노래를 흥얼거리는 나 자신을 발견하게 되었다. 무거운 외투를 벗어던진 듯 마음이 가벼웠다. 세상은 분명 변한 게 하나도 없었지만, 너무나도 다른 모습으로 보이고 있었다. 빛은 사라지고 없었지만 세상은 이미 있는 그대로 축복이었다. 다만 지금까지 내가 보지 못하고 있었을 뿐이었다.

영감을 받을 때 - 파탄잘리

어떤 위대한 목적에 의해, 어떤 비범한 계획에 의해
그대가 영감을 받을 때,
그대의 모든 생각은 그 속박을 끊는다.
정신은 한계를 초월하고
의식은 모든 방향으로 확장된다.

그대는 새롭고, 위대하고 경이로운 세계에
자신이 있음을 알게 된다.
잠들어 있는 힘들, 능력들, 재능들이 살아난다.
그대는 자신이 되고자 꿈꾸었던 것보다도
자신이 훨씬 더 위대한 사람인 것을 깨닫게 된다.

쌍둥이 형제의 삶을 가른 것

우리는 사물을 있는 그대로가 아닌
우리의 생각대로 바라본다.
- 아나이스 닌

폴란드의 바르샤바를 여행하던 때의 일이었던 것 같구나. 나는 중앙역의 열차에서 내린 후 노비 쉬비아트 거리를 지나 서른 살의 일기로 안타깝게 세상을 떠난 음악가 쇼팽을 떠올리며, 그의 심장이 묻혀 있다는 성십자 교회를 향해 걷고 있던 중이었단다.

그 때 몹시 낯이 익은 한 남자가 맞은편에서 걸어오고 있었지.

'누구였더라?'

분명 언젠가 여행 중에 이야기를 나눈 적이 있었던 사람임에 틀림없는데…… 나는 빠른 걸음으로 스쳐지나가는 그를 뚫어지게 쳐다보았단다. 그 역시 나와 눈길이 마주쳤지만 어쩐지 나를 전혀 알지 못하는 듯 지나가 버렸지. 그리고 바로 그 순간, 그와 함께 했던 일들이 확실히 떠올랐어. 파리의 어느 지하철역에서 만났던 바로 그 사람! 나는 멀어져 가는 그에게 달려갔지.

"잠깐 실례 좀 해도 될까요?"

그는 내 쪽으로 고개를 돌리더니 의아한 표정을 지으며 바라보더구나. 정말로 나를 전혀 기억하지 못한다는 듯한 눈빛으로 말이다. '혹시 기억상실증에라도 걸린 것은 아닐까?' 하는 생각마저 들 정도였지.

"무슨 일이시죠?"

"혹시 저 모르시겠어요?"

"누구신지 모르겠군요. 저는 처음 뵙는 분 같습니다
만……"

그는 분명 내가 아는 사람과 완전히 같은 얼굴을 가
졌지만 겉으로 풍기는 분위기도, 옷차림도, 게다가 눈빛
마저도 전혀 다른 사람처럼 보였단다.

"이 년 전 여름에 파리의 한 지하철 역에서 만난 일이
있었던 걸로 기억하는데요."

그는 잠시 생각하더니 이상하다는 표정으로 대답했지.

"이 년 전 여름이라면…… 저는 이 년 전 이맘때 쯤에
는 사업차 미국에 장기출장을 갔었습니다. 아무래도 사
람을 잘못 보신 듯하군요. 그럼 전 바빠서 이만……"

다시 몸을 돌려 가던 길을 계속 가려던 그는 그제서
야 뭔가 생각난 듯 뒤돌아서서 말했지.

"혹시 예전에 보았다던 그 사람이 정말로 저와 똑같
이 생긴 게 맞습니까?"

세상이란 참으로 넓고도 좁은 곳이지? 어쩌면 소설처럼 기이한 우연으로 가득 차 있는 곳일지도 모른다. 그들은 어릴 때 헤어진 일란성 쌍둥이 형제였단다. 내가 폴란드에서 만난 쌍둥이 형의 이름은 로만 그리제고르즈였지.

내가 그저 고개를 갸웃거리며 지나칠 수도 있었던 로만에게 굳이 달려가 확인하려 했던 이유는 이 년 전 파리에서 만났던 쌍둥이 동생이 노숙자였기 때문이었다. 불과 이 년 전만 해도 노숙자였던 사람이 갑자기 전혀 다른 사람처럼 말쑥한 모습으로 나타났으니(그들이 쌍둥이인 줄도 모르고) 놀랄 만한 일임에 틀림없었지!

사연을 들어보니 그들은 어릴 때 교통사고로 부모를 모두 잃고 고아원에 맡겨졌다가 쌍둥이를 원하는 한 가정에 입양되기로 예정되어 있었다는구나. 하지만 형이 먼저 입양되었고, 이후에 동생도 옮기기로 되어 있었는데, 갑작스러운 이유로 일이 틀어지는 바람에 결국 서로의 소식도 모른 채 헤어지게 되고야 말았지.

형인 로만은 성인이 되고 사업가로서 성공하게 되었고, 그 후 동생을 찾기 위해 오랫동안 수소문했지만 결

쌍둥이 형제의 삶을 가른 것

국 찾을 수 없었단다. 그런데 다행히도 그 형이 나를 만난 것이 계기가 되어 프랑스 파리의 노숙자들을 찾아다닌 끝에 동생을 다시 만나게 되었지.

나는 똑같은 유전적 조건을 가진 그들이 한 명은 성공한 사업가가 되고, 다른 한 명은 거리의 노숙자가 되었다는 사실에 몹시 놀랐단다. 처음에는 서로 다른 가정 환경으로 입양되었기 때문에 그렇게 되었는 줄 알았지. 하지만 그들은 둘 다 비슷한 환경에서 자랐더구나. 결코 좋은 조건이라 하기 힘든 환경에서. 로만은 나의 그런 의문에 대해 자신의 생각을 이야기해 주었지.

"열여덟 살 전까지 저는 무척이나 부정적인 사람이었습니다. 부모님을 갑자기 잃고 마음 편히 의지할 곳 없이 지내던 저에게나 동생에게나 세상은 위험하고 어려운 곳이라는 믿음이 가득했지요. 게다가 알고 보니 제가 입양된 가정의 양부모님들도 그다지 좋은 사람들은 아니었어요. 좋지 않은 목적으로 저를 이용하려고 입양했던 거였죠. 저는 자라면서 점점 더 거리의 아이들과 함께 어울려 범죄와 마약에 노출된 채로 위태위태한 줄타기를 하듯이 인생을 좀먹어가고 있었어요.

'세상은 자신의 믿음대로 보게 되고, 보는 대로 존재하게 된다.'
그러한 신념에 따라 형은 성공한 사업가가 되고,
동생은 거리의 노숙자가 된 신세라니!

그때 제게 많은 관심을 가져주셨던 선생님이 신념의 힘에 대해서 알려주셨습니다. 저는 그 이야기들을 제 마음 깊숙이 받아들였고, 저의 인생은 서서히 지금과 같은 모습으로 변화되고야 만 것입니다.”

기억을 더듬어 보니 파리에서 만난 노숙자였던 로만의 동생은 온통 세상과 자신에 대한 부정적인 의견만을 피력하며 한탄하고 있었던 것을 떠올릴 수 있었다.

로만은 나에게 신념의 힘에 대해 설명해 주었단다. ‘세상은 자신의 믿음대로 보게 되고, 보는 대로 존재하게 된다’고 말이다. 그러한 신념에 따라 형은 성공한 사업가가 되고, 동생은 거리의 노숙자가 된 신세라니!

세상의 무엇을 보고 경험하든 간에 우리는 사실을 있는 그대로 받아들이기 어렵다. 우리는 항상 보고자 하는 것만을 보게 되지. 로만은 ‘세상은 살아볼 만한 가치가 있는 곳’이라는 신념을 가졌기에 그러한 증거들이 더 많이 눈에 띄고 그것이 곧 그의 현실이 되었지. 반대로 동생은 ‘세상은 위험하고 살기 힘든 곳’이라는 신념을 떨치지 않고 계속 가지고 있었기에 그와 같은 삶을 살게 되었다. 서로 비슷한 여건에서도 로만은 자신이 '가치 있는 사람'이라는 신념을 가졌기에 그것이 결국 현실이 되었고, 동생은 자신이 '쓸모 없고 한심한 인간'이라는 신념을 가졌기에 그의 뜻대로 된 것이란다.

환경이나 경험으로부터 비롯되는 신념을 가지는 것은 누구나 손쉽게 할 수 있는 일이지. 그것은 아무런 노력이 필요 없는 일일 것이다. 하지만 누구나 자신이 처한 환경이나 경험과는 다르게 신념을 바꾸어 낼 수 있는 힘을 가지고 있단다.

나는 그 일 이후로 항상 마음을 가다듬고 나 자신을 들여다보는 시간을 가지려고 애썼단다. 혹시라도 내 마음속에 굳어져 있을지 모르는 부정적인 신념들을 알아차리고, 한시라도 빨리 그것들을 긍정적으로 바꾸기 위해서 말이다. 그리고 이런 습관은 나의 인생에 커다란 보탬이 되어 주었지.

너도 무엇보다도 먼저 스스로 무엇을 믿고 있는지에 대해서 돌아보도록 하거라. 그리고 부정적인 믿음을 긍정적인 방향으로 바꾸어 보도록 해라! 그러면 현실은 마

치 마법처럼, 현실적인 차원에서만 행동하는 것보다 훨
씬 더 빠른 시간 내에 너의 현실을 원하는 모습으로 바꾸
어 줄 수 있을 테니까 말이야.

저녁을 먹은 후 나는 습관처럼 텔레비전 앞에 앉아 있는 아내 곁에 나란히 앉았다. 아내는 평상시와 다른 행동을 하는 내게 눈을 동그랗게 뜨며 물었다.

"밥 먹었는데 어쩐 일로 담배 피우러 안 가요? 사람 바보 만든다고 그렇게 미워하던 텔레비전 앞에는 또 왜?"

그래. 그랬었지. 나는 아내가 지극히 싫어하고, 몸을 망치는 담배는 좋아하면서 아내가 좋아하는 텔레비전은 미워했었다. 정신을 망치는 것이라고 고집하면서. 그 밖에도 많은 부분들에 있어서 나는 아내가 나를 이해하지 못한다고 탓하고 원망하면서 점점 더 멀어져 갔다. 하지만 내가 아내를 이해하려 애쓴 부분은 과연 얼마나 되었던가?

생각이 거기에 이르자 나 자신을 향한 비난의 목소리와 자책의 감정이 밀려오는 것을 느낄 수 있었다. 나는 재빨리 아버지의 첫 번째 편지의 내용을 기억해 내려 애썼다.

자신부터 사랑하라! 어떤 경우에도 자신을 비난하지 말라!

"글쎄. 별로 담배가 땡기지 않네."

나는 멋쩍게 웃으며 대답했다. 아내는 평소와 달리 행동하는 내게 짐짓 놀란 듯한 표정을 짓더니 이내 그런 변화가 싫지 않은지 은근히 몸을 바싹 기대어 앉았다. 너무나 오랜만에 몸으로 느껴지는 아내의 체온이 편안하게 느껴졌다. 오랫동안 틀어져 가던 많은 것들이 제자리를 잡아가고 있는 듯한 느낌이었다.

"윤서는?"

"오늘 하루 종일 밖에서 아이들하고 씨름하며 놀더니 일찍 자네."

일체유심조一切唯心造라는 말이 있다. 예전에는 그저 많은 일이 마음가짐에 따라 달라질 수도 있다는 평범한 이야기로 흘려들었다. 하지만 이제 내 스스로 만들고 들어앉아 있던 마음의 상자를 알아차리고, 밖으로 나와 보니 많은 것들이 달라져 있음을 느끼게 되었다. 그동안 내 마음의 모난 부분이 일상과 부딪쳐 그토록 크게 소리를 내고 있었던 것이다.

원효대사가 해골바가지에 고인 썩은 물을 마시고 시원하다 했듯이 우리는 얼마나 자주 맑은 물을 마시고도 토하기까지 하고 있는가! 지금 내가 마시고 있는 물은 맑은 물일까, 아니면 썩은 물일까? 나는 시원하다 하여야 옳은가, 아니면 구토하여야 옳은가?

방문이 슬그머니 열리더니 윤서가 잠이 덜 깬 눈을 비비며 거실로 나오다 나를 보더니 달려와 ‘와락’ 하고 품에 안긴다.

“아빠! 오늘 일찍 왔네!”

“윤서야. 왜 자다가 깼어?”

“응! 오줌마려워서 깼는데, 아빠 온 거 보고 깜박했어.”

윤서는 배시시 웃더니 화장실로 뛰어들어 갔다 나온다.

문득 아버지가 내게 던진 화두가 떠올랐다. 믿음이라는 것에 대해 아들 나이 또래의 아이들은 뭐라 대답할까? 아이들에겐 너무 어려운 질문일까?

“윤서야. 우리 윤서는 무엇을 믿니?”

“내가 믿는 거? 응……”

뜬금없는 질문에 망설이던 윤서가 마침내 입을 열었다.

“나는 아빠하고 엄마가 사랑한다는 걸 믿어.”

아내와 나는 눈을 동그랗게 뜨고 서로를 바라보았다. 아내의 눈을 들여다보며 왠지 속이 뜨끔했다. 아내도 나와 비슷한 느낌이었을까? 요즘 나와 아내 사이가 껄끄러워진다는

것을 알고 아이 나름대로 스트레스를 받고, 눈치를 보고 있
는 것은 아닐까?

"왜 그렇게 믿는데?"

"유치원 선생님도 그랬고, 텔레비전에서도 그랬거든. 아
빠와 엄마는 사랑하는 거라구."

사랑한다고 말해 본 지가 언제였는지 도무지 기억나질
않았다. 세상에 십 년 이상 살고도 서로 사랑한다고 여기는
부부의 수는 얼마나 될까? 궁금해졌다. 어린 아들에게 미안
한 마음도 함께 들었다. 하지만 아내와 나의 얼굴에는 은근
한 미소가 피어 올랐다. 아이가 현실을 알기보다는 아이다운
순수함으로 더 아름다워 보이는 것을 믿는다는 점에서 안도
하는 미소였을 것이다.

"그리고 또 뭘 믿니?"

"응…… 뭐냐면……쯧쯧쯧!"

아이가 고개를 좌우로 흔들며 혀를 끌끌 차고 있었다.

"아니. 그게 도대체 뭐지?"

아내와 나는 깜짝 놀라 서로를 바라보았다.

"이건 세상이 이러면 안 된다는 거야."

"세상이 이러면 안 된다? 그렇게 믿는 거라구? 그건 또 왜 그렇게 믿는데?"

"몰라. 텔레비전에서 그렇게 말하던 걸. 경비 아저씨도 똑같은 걸 가르쳐 줬어."

나는 아버지뻘 되는 아파트 경비원의 얼굴을 떠올렸다. 평소 그의 행동으로 보아서 아이들에게 이런 행동을 일부러 가르칠 만한 인품을 가진 사람으로는 보이지 않았다. 아마도 아이가 경비 아저씨가 하는 행동을 보고 따라하면서 그가 가르쳐 준 거라 말하는 것이겠지.

한편 생각해 보면 아이가 그렇게 말하는 것도 무리는 아닐 것이다. 아이들은 바짝 마른 상태에서 순식간에 물기를 빨아들이는 스폰지와 같다. 배움을 통한 지식보다 훨씬 더 빠른 속도로 세상에 떠도는 온갖 부정적인 믿음들까지도 거르지 않고 빨아들이고 있다. 주변 사람들이 행동하고 말하는 대로, 미디어가 떠들어대는 대로 보고 들으며 자기만의 세계를 쌓아 나가고 있다. 그렇게 아이들은 자기 믿음의 그물을 촘촘히 엮어 나가고 있는 것이다.

"잠깐만!"

아내가 리모콘을 들고 부산하게 옮겨대는 채널 중 하나를 본 나는 깜짝 놀라 소리치고야 말았다.

쇼프로에서 몇 명의 신인 연예인들을 모아 놓고 게임을 하고 있는 모양이었다. 그들은 가짜 온도계가 달린 한증탕에 들어가 실제 온도는 그대로이지만 온도계의 눈금만을 거짓으로 조금씩 올리는 상황에서 누가 더 오래 버티는가 하는 게임에 참여하는 중이었다. 실제 온도는 그대로 두고 온도계의 눈금만 올렸을 뿐인데 참가자들은 갈수록 많은 땀을 흘리기 시작했으며, 급기야는 기진맥진하여 쓰러져 실려나가는 이들까지 생겨나고 있었다.

그들은 아니 우리 모두는 정말로 있는 그대로의 사실을 보고 경험하는 것이 아니라 자신의 믿음대로 보고 경험하는 것이 아닌가!

그러고 보니 언젠가 어떤 잡지에서 읽었던 이야기 하나가 떠올랐다. 작동하지도 않는 커다란 냉동고에 갇혔다가 다음날 아침 얼어 죽은 시체로 발견되었다는 한 사나이의 비극적인 이야기. 그는 냉동고에 갇혔다는 자기 생각의 힘만으로 스스로를 얼려 죽이고야 만 것이다.

따지고 보면 맨손으로 시작해 굴지의 대기업을 일구어낸 정주영 회장도 그와 같은 삶에 걸맞는 믿음을 가지고 있었기에 그렇게 성공할 수 있었을 것이고, 아프리카의 나병 환자들을 돌보며 평생을 보낸 슈바이처 박사도 그만한 믿음이 있었기에 그러한 일을 해낼 수 있었을 것이다. 뒷골목의 거지도, 아무리 대단한 성인도 자신이 가진 믿음에 따라 다른 삶을 살게 되는 것이다.

믿음의 힘이 그렇게 크고 대단하다 해도, 믿음의 많은 부분들이 외부의 사건과 환경에 의해 생겨나는 것이라 해도, 결국 믿음은 나 자신으로부터 생겨난 것에 불과할 뿐이다. 본연의 나는 믿음에 휘둘리는 존재가 아니라 그것을 지우고 바꾸고 만듦으로써 인생을 뜻대로 창조해 나가는 존재인 것이다.

나는 누구인가? 나는 내 삶의 중심에 서 있는 존재다.

나는 세심하게 나 자신의 내면을 들여다봄으로써 내가 어떤 믿음을 가지고 있는지 알아차리고 바꾸어 낼 힘을 기르게 된다. 그런 믿음들이 내 삶의 대부분의 것들을 만들어 낸다. 그러므로 내가 내 인생의 주인이라고 할 수 있는 것이다!

쌍둥이 형제의 삶을 가른 것

그런데 나의 본래 모습이 그렇게 크고 무한한 가능성을
가졌다면, 그렇게 큰 힘을 가진 나는 무엇을 위해서, 어디를
향해서 나아가야 하는 것일까?

할 수 있다고 생각하는 사람 - 월터 윈틀

패배한다고 생각하면, 당신은 패배한다.
용기가 없다면, 당신은 하지 않는다.
승리하고 싶지만 할 수 없다고 생각하면,
당신이 할 수 없다는 것은 거의 확실한 일이다.

실패할 것이라고 생각하면, 당신은 실패한다.
우리가 발견한 세상에서
성공은 사람의 의지로 시작되기 때문이다.
마음의 상태가 전부다.

뛰어넘는다고 생각하면, 당신은 뛰어넘는다.
당신은 날아오를 높이를 생각해야만 한다.
그전에 스스로 확신하고 있어야만 한다.
당신은 언제나 경기를 승리할 수 있다.

더 강하거나 더 빠른 사람에게,
삶의 승리가 언제나 주어지는 것은 아니다.
그러나 빠르든 늦든 간에 승리하는 사람은,
할 수 있다고 생각하는 사람이다.

할 수 있다고 생각하는 사람

온
마음을
담아

소망이 있으면
반드시 이룰 능력도 있는 법이다.
- 리처드 바크

나는 오래도록 사진에 관한 열망 하나로 살아왔고, 족히 수백, 수천만 번 이상 셔터를 눌러 사진을 찍어댔다. 그러나 사진예술의 중심지인 뉴욕에서 개인전을 열고 싶다는 소망을 품어왔음에도 불구하고, 그것은 오랜 기간 그저 '꿈'으로서만 가슴에 남겨져 있었단다. 그러던 어느 날 문득 나 자신을 향한 마치 예리하게 날이 선 칼같은 질문과 직면하게 되었다.

'왜 그것을 할 수 없다는 거지?'

되돌아 보니 나는 마음속에 끊임없이 그것을 할 수 없는 이유들만을 늘어놓고 있었던 것이지. 그저 습관적으로 말이야. 얼마 지나지 않아 나는 스스로 그런 부정적인 생각들에 힘을 주고 있었던 만큼, 내가 나 자신의 꿈을 가로막는 현실을 만들어 내고 있었음을 깨닫게 되었단다.

나는 꿈을 향해 마음을 모으기 시작했다. 그것이 이루어질 수 있는 가능성만을 믿기로 작정했지. 꿈과 어긋나는 다른 모든 생각들을 마음으로부터 지워버리려 노력했단다. 물론 처음부터 쉽게 그리 되었으리라는 생각은 말거라. 잘못된 습관이라는 못된 망아지를 길들이는 데는 항상 어느 정도 시간이 필요한 법이거든.

그렇게 간절한 마음을 소망을 향해 실어 보내는 데에 몇 달의 시간이 지났을까? 마침내 마음속에서 한 가지 명확한 생각이 해답처럼 주어졌단다. 그건 너무나 단순하게도 뉴욕으로 가라는 것이었다.

하지만 '뉴욕으로 간 다음에는 어떻게 하라는 거지?' 나는 생각하고 또 생각했다. 그저 뉴욕으로 날아가기만 하면 어떻게 그 일이 이루어질 수 있을까? 분명한 것은 막연하지만 눈을 감고 뉴욕에 머무르는 나의 모습을 상상해 보니 가슴이 뛴다는 것이었단다. 나는 다시 옛 습관처럼 끓어오르는 온갖 의심들을 잠재우고 내면의 소리에 따라 무작정 뉴욕을 향해 떠났지.

뉴욕에 도착한 나의 마음이 어땠는지 아니? 나는 낯선 거리를 헤매는 미아와도 같은 기분이었단다. 뉴욕은 이미 두 번째 방문으로 낯이 익었고, 이 방문을 통해 뉴욕에서 사진전을 열 기회를 만들고 싶다는 분명한 목적도 있었지만 구체적으로 어찌해야 할지에 대해서는 전혀 감을 잡지 못하고 있었기에 더욱 난감하기 그지없었다.

나는 다시 마음을 가다듬고 오직 나의 소망만을 떠올리려 애썼단다.

'무엇이든지 기도하고 구하는 것은 받은 줄로 믿으라. 그리하면 너희에게 그대로 되리라.'

성경의 한 구절이 마음을 다잡는데 도움이 되었지. 나는 소망이 이루어졌음을 믿으려 애쓰며 평화로운 마음으로 산책하듯이 거리를 거닐었단다.

그렇게 마음을 비운 채 얼마 동안 거리를 걸었을까? 누군가 뒤에서 어깨를 두드리길래 돌아보니 낯익은 노인 하나가 싱긋이 웃으며 나를 바라보고 있었단다. 그는 바로 첫 번째 뉴욕 방문 때 모임에서 만났던 클린마스터 사의 윌리엄 존슨 회장이었지!

"세상이 참 넓고도 좁구먼. 자네를 다시 만나다니! 이게 도대체 얼마 만인가! 한국으로 돌아가지 않고 그동안 쭉 뉴욕에 있었나?"

"아닙니다. 그동안에도 계속 세계 이곳저곳으로 여행을 다녔지요. 그나저나 몇 년이 흘렀는데도 정정한 모습이 여전히 변함없으십니다."

"허허. 그럴 리가 있나. 나도 이제 많이 늙었지. 그런

데 뉴욕에는 어쩐 일인가?"

"저도 잘 모르겠습니다."

"에이! 이 사람아! 이 멀리 뉴욕까지 지구 반바퀴를
돌아오면서 아무 이유 없이 왔다는 게 말이 되는가?"

"솔직히 말씀드리자면……."

나는 결국 다시 뉴욕으로 날아오게 된 자초지종을 이
야기했단다. 나의 이야기를 들은 존슨 회장은 잠시 얼굴
에 미소를 떠올리며 나의 얼굴을 말없이 바라보았지. 나
는 그의 눈빛에서 수십 년 인생을 진실되게 살아오면서
묵묵히 자신의 길을 걸어온 한 인간의 영혼을 느낄 수 있
었지. 나는 그의 눈빛 너머 크고 위대한 영혼이 나를 감
싸고 있다는 것을 느꼈지.

"그것을 배우기 위해 참 많은 시간을 보내고 많은 곳
을 여행했구먼. 그래. 빠르고 늦는 건 중요하지 않을지
도 몰라. 그걸 지금 알고 있다는 사실이 중요한 거야. 바
로 지금 말일세. 지나간 과거란 그저 기억에 불과할 뿐이
니까. 늦었다고 후회할 필요도 없고, 아직 오지 않은 내
일을 두려워할 필요도 없지. 오직 지금 이 순간 열망하는
것에 온 마음을 모으고 가면 되는 거야."

그는 뉴욕의 저명한 사진협회의 간부를 소개시켜 줄 수 있다고 말했다. 그런 일들을 거치고 얼마간의 시간이 지난 후, 나는 결국 그토록 간절히 소망하던 뉴욕에서의 사진전을 기약할 수 있게 되었다.

나는 지금도 가끔 생각하곤 한단다. 만약 그 때 내가 간절한 마음을 소망에 담아내지 않았다면, 오직 원하는 것만을 떠올리려 애쓰지 않았다면 과연 지금과 같은 결과가 있을 수 있었을까 하고 말이다.

그러지 않았다면 나는 뉴욕으로 날아가지도 않았을 테고, 그렇게 우연히 협회와 인연을 맺게 해준 존슨 회장을 만나지도 못했겠지.

어느 인디언 부족의 속담에 그런 말이 있다고 하더구나. '같은 말을 만 번 하면 이루어진다'고. 또 어떤 작가는 자신의 글에서 이렇게 이야기했다지. '무언가를 간절히 원할 때 온 우주는 소망이 실현되도록 도와준다'고.

많은 사람들의 모습을 보건대, 그들 중 대부분은 소망조차도 가지고 있지 못하고, 소망이 있다 하더라도 그에 대한 마음이 간절하지 않으며, 말은 그렇게 하면서도 그 진정한 의미를 알지 못하고 있더구나. 간절한 소망이 의미하는 것은 진정으로 원하는 것에 온 마음을 모아 집중하는 것임을……

나의 사랑하는 아들아!

오늘을 살아가는 너의 소망과 그것을 담은 마음은 어떠한지, 얼마나 간절한지 돌아보지 않겠느냐? 이제부터라도 네가 원하지 않는 온갖 것들이 아닌, 진정으로 원하는 것에만 집중하도록 해라. 그리하여 너의 간절한 소망을 이루어 내도록 하거라!

일요일 아침, 윤서가 일찍 잠에서 깨어 온 집안을 뛰어다니는 바람에 나는 도저히 견디지 못하고 잠에서 깨어났다. 주말이면 온 집안 식구가 다 일어나도 나 혼자 늦게까지 잠을 자고 있었던 모양이다. 거의 매일을 야근에 시달리다 보니 생긴 좋지 않은 습관이었다.

그래도 담배를 끊게 되어서인지 요즘 들어 몸이 한결 가벼워진 느낌이 들었다. 대학 때부터 십 년이 훨씬 넘도록 피워온 담배였고 끊으려는 생각은 족히 수백 번도 더 했고, 시도한 적도 열 번이 넘었지만 번번이 실패만 거듭했는데, 이번에는 어쩐 일인지 저절로 끊게 된 것이었다.

남아 있는 졸음을 털어내고 일어나 잠시 윤서와 장난을 치며 놀아주고 있는데 휴대전화의 벨이 울렸다. 전화를 받아보니 친구 성민이었다. 녀석은 대학시절부터 많은 시간을 함께 보낸 오랜 친구였다.

"민석아! 오늘은 날씨가 하도 좋으니 아침부터 네 생각이 나더라. 대학 다닐 때 너랑 같이 수업 빼먹고 땡땡이 치던 생각도 나고. 그래서 전화했다. 저녁에 별일 없으면 오랜만에

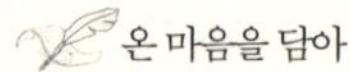

술이나 한잔 하자.”

녀석의 말대로 창 밖을 내다보니 날씨가 무척이나 화창
했다. 그전 같으면 앞뒤 가리지 않고 일단 오케이부터 하고
보았겠지만, 오늘은 아내와 윤서에게 생각이 미쳤다. 먹고살
아야 한다는 이유로 평일에는 매일 야근을 하고 주말에도 자
주 근무를 하면서 쉬는 주말마저 술을 마시러 간다는 게 더
이상 내키지 않았다.

“나 이제부터 가정에 신경 좀 쓰기로 했다. 일요일마저
술 먹기는 좀 그렇고, 날씨도 좋은데 제수씨하고 아이들 데
리고 밖에서 같이 만나면 어떨까?”

평소 같으면 쉬는 날조차도 일하러 나가기 일쑤에 행여
집에 있더라도 누워서만 뒹굴던 나였다. 아들이 나들이를 나
가자고 졸라도 몸이 피곤해서인지 의욕이 따라주지 않아 짜
증만 내는 것이 보통이었다. 물론 아내는 함께 주말을 보내
는 것을 포기한 지 오래였다. 사실 부부관계에 있어서 서로
에 대한 기대를 잃었다고나 할까.

그런데 오늘은 내가 먼저 나가자고 말을 꺼냈으니 아내
와 아이에게는 해가 서쪽에서 뜰 정도로 놀라운 일이었을

것이다.

"아빠!"

멀리서 윤서가 활짝 웃으며 손을 흔들었다. 아내, 그리고 성민의 처와 아이들이 함께 아이스크림을 하나씩 들고 매점에서 나오고 있었다. 이렇게 가족이 함께 나들이를 하는 것도, 아내의 환히 웃는 모습을 보는 것도 돌이켜 보면 참으로 오랜만의 일이었다.

성민이의 가족과 만난 곳은 서울 근교에 위치한 국립미술공원이었다. 얼굴을 보드랍게 스치는 따뜻한 봄바람, 조각구름 몇 점 떠다니는 파란 하늘, 그리고 넓고 푸른 잔디가 아름다운 조각상들과 함께 펼쳐져 있었다.

"집에서 그리 먼 곳은 아니지만 그래도 야외로 나오니까 참 좋다."

나의 말에 성민이가 고개를 끄덕이며 대답했다.

"그러게 말이다. 조금만 신경을 쓰면 이렇게 가족들에게 점수를 따면서 친구 얼굴도 볼 수 있는데. 항상 술이 있어야 한다는 생각에 습관이 들었나 보다."

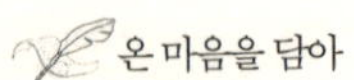 온 마음을 담아

"요즘 일은 좀 어때?"

녀석은 대학 때부터 같은 과를 나와서 분야가 조금 다르긴 했지만 나와 마찬가지로 IT업계에서 일하고 있었다.

"너도 알다시피 늘 눈코 뜰 새 없이 바쁘지 뭐. 그렇다고 별다른 뾰족한 수가 있는 것도 아니고. 애초에 왜 이쪽으로 일을 하기 시작했는지 모르겠다. 이럴 줄 알았으면 다른 길을 찾아보는 건데. 우리가 연봉 많이 받는다고 사람들이 부러워하지만, 어차피 다 마찬가지 아니냐? 훨씬 더 많은 시간 일하고서 많이 받는 거니까. 요즘은 돈이고 뭐고 다 귀찮아. 그냥 어디 시골로 내려가서 조용하게 살았으면 좋겠다는 생각도 들더라."

"에이. 그것도 살아본 사람이나 살지. 뉴스 보니까 한동안 귀농 바람이 불었다가 요즘은 많이 잠잠해졌다던데. 현실적인 준비가 부족한 상태에서 무작정 전원생활에 대한 환상만 가지고 갔다가 실패하고 다시 돌아오는 사람들이 많다더라."

"그런가? 하긴 그래. 나도 막연히 생각만 하는 거니까. 그나저나 너는 좀 어때? 승진도 여전히 초고속이겠지? 아니면 또 더 좋은 회사로 옮길 계획이라도 세우고 있는 거 아니야?"

“글쎄. 요즘 들어서 여러 가지로 일들이 제자리를 잡아가
는 느낌이긴 한데…….”

어느새 친구에게도 나는 잘나가는 회사형 인간의 이미지
로 굳어져 버린 것인가 하는 생각에 조금은 기분이 씁쓸하기
도 했다. 왠지 그런 이미지는 덜 인간적인 모습으로 비춰질
것만 같았다. 성민이는 나의 편안하지 않은 표정을 보았는지
못 보았는지, 계속 말을 이어갔다.

“너 학교 다닐 때 했던 이야기 생각나니? 모든 직원들의
꿈을 이루어 주는 회사를 설립해서 CEO가 되는 것이 꿈이
라고 가끔 이야기하곤 했었잖아.”

정말 그랬다. 나는 언제부턴가 직원들이 높은 생산성과
창조적 마인드를 가지도록 도움으로써 직장을 통해 자아실
현을 이루는 이상적인 회사를 내 손으로 직접 만들어 보면
어떨지 상상해 보곤 했다. 그럴 때마다 그런 생각에 저절로
몰입이 되면서 기분이 좋아지고 의욕이 솟았다.

생각해 보니 이 꿈은 내가 두 번째 편지를 읽으면서 떠올
렸던 것처럼 다른 누군가를 도움으로써 기쁨을 느끼는 것과

도 통하는 것인 듯하다. 그래서 나는 회사에서도 사내교육 같은 일을 할 기회가 있을 때마다 적극적으로 강사 노릇을 자청하기도 했다. 교육을 통해서 사람들이 더 나아지고 보다 짧은 시간에 많은 일을 해내서 생산성을 높임으로써 그들의 삶이 더욱 여유로워지기를 바랐기 때문이었다.

하지만 시간이 지나고 직장생활에 익숙해져 가면서 그런 나의 꿈은 점점 더 깊은 과거의 안개 속으로 묻혀 버리고 말았다. 그런 데에는 정말 다양한 이유들이 줄을 서 있었다. 나는 회사를 세울 만한 돈이 없다는 사실에서부터 시작해서 나는 CEO가 될 만한 자질이 없는 사람이다, 나는 리더십이 없기 때문에 어려운 일이다, 그리고 경기가 좋지 않다는 이유까지.

되지 않는 이유를 들자면 한도 끝도 없는 법이다. 더구나 되지 않는 이유들만 생각하는 나에게 그 일을 시작할 수 있는 가능성은 전혀 없었다.

내가 정말로 그 일을 하고 싶다면 불가능하다는 온갖 생각들을 내려놓고, 가능성의 출구를 찾는 데 온 마음을 기울여 집중해야 한다.

오래도록 잊혀졌던 꿈이 부활하여 창공을 향해
날아오르기 위한 날갯짓을 시작하고 있었다.

"성민아! 고맙다!"

나의 뜬금없는 말에 성민이 눈을 크게 뜨고 물었다.

"응? 뭐가?"

"아니! 네가 내 친구인 게 말야!"

그 후 며칠간 가슴 설레는 시간들이 이어졌다. 나는 오랫동안 쌓여 있던 불가능이라는 생각의 벽을 허물어 버리고 새로운 가능성을 탐색했다. 오래도록 잊혀졌던 꿈이 부활하여 창공을 향해 날아오르기 위한 날갯짓을 시작하고 있었다.

하지만 그만큼 두려운 것도 사실이었다. 이렇게 갑작스럽게 인생의 길을 바꾸는 행보가 확실히 성공하리라 보장할 수 있는 현실적인 안전장치는 아무데도 없었다.

안전장치는 오직 나의 마음속에만 존재하고 있었다. 그것은 요즘 나의 마음이 평생을 통틀어 가장 평온하다는 것, 삶의 모든 부분들이 제자리를 찾아가고 있다는 것, 열정적으로 가슴이 뛴다는 것, 그리고 내가 가장 즐겁고 행복하리라는 확신이 드는 일을 찾았다는 것이었다.

가슴속 깊은 곳에서 깨어난 북은 계속해서 둥둥 울리며

새롭게 시작될 희망의 땅을 향해 앞으로 전진하라고 신호하
듯이 소리를 내었다. 결코 거역할 수 없는 운명처럼.

결단의 힘 – 괴테

언제나 마음을 다하기 전까지는 망설임이 있고,
기회 뒤로 물러서는 것은 무능한 일이다.
시작과 창조의 모든 작용에
한가지 기본적인 진리가 있다.
이것을 알지 못할 때
수많은 아이디어와 멋진 계획을 망친다.

확실히 마음 먹는 순간, 하늘도 움직인다.
결심하지 않았다면 결코 생기지 않았을
온갖 일들이 일어나 돕는다.
결심으로부터 모든 일들의 흐름이 일어나고,
예측하지 않은 모든 종류의 사건과 만남과 물질적 원조가
유리하게 생겨나며
아무도 꿈꿀 수 없었던 일이 잘 되어가리라.

할 수 있는 일, 꿈꿀 수 있는 일이 무엇이든,
바로 지금 기회를 잡고 시작하라.
대담함이 곧 천재성이며, 그 안에 힘과 마법이 있다.

지금 그것을 시작하라!

행복은
깃털과
같다

행복을 자신의 두 손안에 꽉 잡고 있을 때는
그 행복이 항상 작아 보이지만,
그것을 풀어준 후에야 비로소
그 행복이 얼마나 크고 귀중했는지 알 수 있다.
- 막심 고리끼

유럽을 여행하던 중에 나는 우연히 '순례자의 길'이라 불리는 산티아고로 가는 길에 대한 이야기를 듣게 되었단다. 순례자의 길은 예수의 열두 제자 중 하나였던 야곱이 복음을 전하기 위해 걸었던 길로, 천 년이 넘도록 수많은 순례자들의 발걸음이 이어져 온 신비로운 길이지. 이 길은 프랑스 국경 근처에 위치한 생쟁피드포르라는 조그만 마을에서부터 시작해 피레네 산맥을 넘어 스페인 북부의 산티아고 데 콤포스텔라까지 무려 800킬로미터라는 먼 거리로 이어져 있단다. 지금 이 순간에도 수많은 순례자들이 이 길을 걸어서 지나고 있지. 어떤 이들은 영적이고 종교적인 이유로, 또 어떤 이들은 순전히 걷기 위한 목적으로.

나에게 있어서는 아무리 힘든 여행이라도 일상적인 생활이나 다름없다는 것을 너도 알고 있을 게다. 하지만 800킬로미터라는 먼 거리를 한 달 동안(나 스스로 잡은 목표가 한 달이었기에) 하루도 쉬지 않고 걸어야 한다는 것은 내게도 크나큰 두려움의 대상이었지.

'내가 과연 잘 해낼 수 있을까?' 이런 생각을 떠올릴 때마다 나는 두려움에 압도되고 말았단다. 할 수 없을 거라는 온갖 이유들이 쉴 새 없이 떠올라 나를 괴롭히고 있었지. 나는 마음을 다스리고자 노력한 끝에 나 자신을 의심하는 생각에 마음을 주기보다는 오직 산티아고에 무사히 도착한 나의 모습만을 떠올리기로 작정하고 나서야 비로소 마음이 조금은 편안해 질 수 있었다.

계획보다 보름 정도의 기간이 더 지체된 한 달 하고도 보름 동안의 여행에서 얻은 수많은 것들 - 소중한 추억들, 너무나 아름다운 풍경들, 단지 그 길 위에 있다는 이유만으로 친절하게 마음을 나누었던 사람들, 나를 성장시킨 체험들 - 에 대해 전하고 싶지만, 이 편지를 통해 일일이 나누지 못하는 점이 참으로 안타깝구나.

순례자의 길은 총 29개 구간으로 나뉘어져 있단다. 나는 하루에 한 구간씩, 나의 한계에 도전하는 마음으로 한 달을 목표로 하여 걷기 시작했지. 그리고 나는 곧 깨닫게 되었다. 언제나 그렇듯이 이상과 현실에는, 또 계획과 실행에는 커다란 차이가 뒤따른다는 것을 말이야.

순례 첫날 저녁 피레네 산맥을 넘어 론세스발레스의

알베르게(순례자들을 위한 숙소)에 도착했을 때만 하더라도 나는 자신감에 넘쳐 있었단다. 다른 몇몇 순례자들이 벌써부터 발에 커다란 물집이 생겨 쩔쩔매는 모습을 보면서 한편으론 안타까웠지만 다른 한편으론 오랜 여행에서 단련된 나의 발과 다리에 뿌듯한 마음이 들었지. 나는 한 달음에 이 험난한 여행을 마칠 기세로 걷고 또 걸었단다.

그러기를 열흘, 벨로라도를 떠나 산후안데오르테가를 향해 갈 무렵부터 몇 년 전 교통사고로 다쳤던 무릎이 경고라도 하듯 신호를 보내오기 시작했다. 이 지역의 질퍽한 진흙탕 길을 걸을 때마다 무릎이 시큰시큰 아파오고 결리는 것이 영 심상찮다 싶었지. 그래도 마음먹은 일정을 채우기 위해 나는 몸이 보내오는 신호를 무시하고 걸었다.

마침내 무릎은 나의 의지에 반항하기 시작했단다. 속도는 점점 더 느려지고, 절룩거리며 걷는 나를 추월해 가는 사람들이 하나둘씩 늘어 갔지. 결국 나는 극심한 통증과 더불어 혹시라도 너무 무리해서 무릎에 영영 회복할 수 없는 후유증이라도 남으면 어쩌나 하는 두려움 때문에 길 위에 주저앉고 말았단다.

"오케이?"

지나가던 어떤 남자가 내게 물었지. 나는 마치 물에 빠져 허우적거리는 사람 같은 표정으로 괜찮지 않다고 대답했지. 그는 안 됐다는 표정을 지으며 '슬로우'라는 말만 여러 번 되풀이하며 가버렸단다. 나는 무릎을 원망하기 시작했다. 그리고 생각했지.

'무릎만 아프지 않았다면 나는 참 행복하게 걷고 있을 텐데!'

그 순간 나는 갑자기 뒤통수를 한 대 얻어맞은 듯한 느낌이 들었다. 불과 하루 전까지만 해도 무릎에 별 탈 없었고 걷는데 아무런 이상이 없었지만 과연 나는 행복했던가? 나는 정말로 행복하게 걷고 있었던가?

사실은 무릎이 아프기 전에도 나는 행복하지 않았다는 사실을 깨달았단다. 생각이 거기에 미치자 참담함이 밀려왔지.

'나의 행복은 어디에 있지?'

'어떻게 해야 행복할 수 있는 거지?'

생각은 꼬리에 꼬리를 물고 이어졌다. 만약 내가 지금보다 훨씬 더 어렵고 힘든 지경에 처했다면 어땠을까?

우리가 느낄 수 있는 최고의 행복이란 깃털과 같은 것이란다.
그것을 잡기 위해 발버둥치기보다는 그저 고요히 머무는 순간에
자신도 모르는 사이에 살며시 내려앉는 것이지.

만약 내가 지금 이렇게 맑고 평화로운 자연이 아닌, 화재로 인한 유독가스로 가득 찬 지하철에 갇혀 있다면? 그래서 지금처럼 편안하게 가슴 가득히 맑은 공기를 들이마실 수조차 없다면? 그런 상상을 하자 정말이지 숨이 '턱' 하고 막히는 듯 느껴졌지.

나는 "휴우" 하고 소리 내며 가슴 가득히 숨을 들이마시고 내쉬어 보았단다. 생각을 조금만 바꾸니 마음껏 숨 쉬는 편안함과 자유로움이 새삼스럽게 느껴졌지. 나는 마음껏 숨쉴 수 있는 맑은 공기에 감사할 수 있었다. 그리고 비로소 주변의 시야에 들어오는 온갖 아름다운 것들과 소리에 진정으로 눈 뜰 수 있었지. 길 아래 드넓게 펼쳐진 푸르른 들판, 이국적인 정취를 물씬 풍기는 집들과 오래된 잔해들, 피부를 간질이며 스치는 바람과 길가에 핀 이름 모를 야생화들. 나는 내가 감사할 수 있는 모든 것들에 감사했단다. 비록 무릎은 여전히 시큰거리며 아팠지만 나는 진정 행복할 수 있었지. 마치 온 세상에 '행복'이라는 이름의 깃털이 펄펄 휘날리는 듯 온 천지가 행복으로 충만한 것 같은 느낌이었다.

나는 조금씩 걸음을 옮기며 길가 수풀 속에서 지팡이가 되어줄 만한 나뭇가지를 찾아냈단다. 발견한 지팡이에는 누군가 칼로 파낸 듯한 작은 글씨들이 쓰여있었지. 아마도 전주인의 좌우명이었을까?

'Give thanks in all circumstances, for this is god's will for you in Christ Jesus.'

(범사에 감사하라. 이는 예수 그리스도 안에서 너희를 향하신 하나님의 뜻이니라.)

나의 사랑하는 아들아.

이것이 바로 행복을 얻는 비결이란다. 지금 가지지 못한 새로운 것을 얻으려는 노력을 통해 행복을 구하는 것은 결코 우리를 진정한 행복으로 이끌어주지 못하지. 그것이 우리를 전혀 기쁘게 할 수 없다는 말이 아니라, 그것을 통해 얻는 행복은 얻는데 오랜 시간이 걸리는 데다가 아주 잠깐만 유효할 뿐이라는 거야. 그것은 언제든, 어떤 상황에서든 행복감을 느낄 수 있는 능력을 가진 우리 마음의 가능성을 가로막는 함정과 같은 것이란다.

네가 무엇인가를 성취해서는 안 된다는 이야기가 아

님을 이해하거라. 무엇인가를 성취한다는 것은 분명 좋
은 일이다. 그것은 인생에 있어서 없어서는 안 될 중요한
일 중의 하나임에 틀림없지. 하지만 오래도록 이어질 만
한 행복은 거기에 없단다! 진정한 행복이란 그렇게 거창
한 것이 아니다. 그것은 오직 지금 이 순간 있는 그대로
드러나는 것이지.

　허공을 떠다니는 작은 깃털을 잡으려 손을 뻗쳐본 일
이 있느냐? 그것은 잡으려 애를 쓰면 쓸수록 더욱 멀리
달아나 버리지. 그러나 가만히 기다려보렴. 그러면 어느
새 너의 어깨에 사뿐히 내려와 앉을 테니까 말이다. 우리
가 느낄 수 있는 최고의 행복이란 이런 깃털과 같은 것이
란다. 그것을 잡기 위해 발버둥치기보다는 그저 고요히
머무는 순간에 자신도 모르는 사이에 살며시 다가와 내
려앉는 것이지.

"당신 요즘 많이 변했다는 거 알아요?"

식사를 마친 후, 아내는 와인잔을 양손으로 감싸쥔 채 감깐의 침묵을 깨고, 사뭇 진지한 목소리로 말을 꺼냈다. 흔들리는 촛불이 와인잔을 비추며 반짝이고 있었다.

아내가 지금처럼 말했던 일이 몇 년 전에도 있었던 걸로 기억한다. 아내는 지금과 똑같은 단어들의 조합을 사용해 말했었지만 그때 아내가 한 말은 부정적인 의미를 담고 있었다. 그때 나는 아내의 말을 흘려들었다. 대꾸할 가치조차 없다고 여겼다. 이런저런 갈등에 지쳐가며 나 자신을 추스를 여유도 없던 나머지 아내에게 실망하고, 결혼 생활이라는 것에 대해 한없이 체념하고 있을 때였다. 아내 역시도 나와 마찬가지로 많이 변하지 않았느냐고 편하게 생각해 버렸다. 내게 부정적으로 변했다고 따져 드는 아내와 그것을 그대로 받아들이는 나는 그저 성격적인 차이일 뿐이라고, 아내가 참아내지 못할 뿐이라고 생각했다. 그런데 지금 아내는 내게 같은 말을 긍정적인 의미로 바꾸어 다시 하고 있는 것이다.

오늘로써 일곱 번째 결혼기념일을 맞았다. 내 나이 스물여덟에 결혼하고 그 이듬해 만삭인 아내와 첫 번째 결혼기

넘일 저녁을 밖에서 보낸 후, 아내와 단 둘이 식사하는 것은 육 년 만에 처음 있는 일이었다. 아이를 낳고 돌보느라 몇 년을 정신없이 보냈다. 게다가 지병이 있으신 어머니를 돌보며 눈치를 보느라 밖에서 따로 시간을 내기도 어려웠다. 그렇게 세월이 흐르는 사이에 연애 감정은 점점 사라지고, 서로의 단점들은 점점 더 크게 눈에 띄었다. 회사에서는 더 크고 바쁜 일을 맡아 일에 대한 욕심을 키우는 사이, 아내와의 관계는 점점 더 소원해져만 갔다.

"아버님이 남기셨다는 편지 때문인 거 같네요. 어떤 내용인지 궁금해요."

"조금만 기다려봐. 다 읽고 나면 당신에게도 보여줄게."

아내가 잠시 천장을 응시하며 무엇인가를 떠올리는 듯하더니 싱긋 미소를 지으며 말을 이어나갔다.

"우리 처음 만났던 때 기억해요?"

"그럼. 당연히 기억하고말고."

"그럼 내가 당신의 어떤 점이 좋아서 결혼한 건지도 알아요?"

"글쎄. 그러고 보니 그건 이야기해 준 적이 없는 거 같은

데. 내가 잘 생기고 능력이 좋아서 그런 거 아닐까?"

우리는 모처럼 서로의 눈을 바라보며 크게 웃었다. 마음을 열어놓고 보면 쉬운 일일지도 모르는데 어째서 그동안은 까맣게 잊고 살았던 것일까? 예전에는 회사일에 바쁜 나를 이해해 주지 못하는 아내가 답답하게 느껴졌지만 요즘 들어 좀 다른 생각이 들었다. 이제야 아내가 많이 서운했을 거라는 생각이 들었다. 아내는 나만 믿고 바라보며 지병이 있으신 홀어머니에 외아들인 나와 결혼해서 낯선 시집살이에 힘들게 적응해야만 했을 것이다.

평소 술을 잘 마시지 않던 아내가 오늘은 기분이 좋아서인지 와인을 여러 모금 들이켰다. 그리고는 취기가 도는지 가슴속 깊이 담아두었던 이야기를 꺼내놓기 시작했다.

"술에 취해서 사고를 당한 아빠를 당신이 업고 들어오는 것을 보고, 가슴이 참 따뜻한 사람이라고 생각했어요. 그렇게 따뜻한 사람과 사랑하게 되면 그 사랑은 얼마나 따뜻할까 하는 생각이 들었죠. 그렇게 당신과 사귀게 되고 결혼을 하고 한동안은 좋았는데 어느 날부터인가 당신은 내게서 멀어지기 시작했어요. 귀가시간은 늦어지고, 스트레스 때문인지 자꾸 짜증만 늘어가고……. 남의 일을 자기 일처럼 도우며 따뜻한 마음을 가졌던 당신이 어째서 그렇게 다른 사람처럼 되어버렸는지……."

촛불을 따라 아내의 목소리도 흔들리고 있었다. 눈물이 넘칠 듯 고인 눈이 반짝였다. 나는 아무 말도 할 수가 없었다. 아내의 이야기가 모두 사실이었기 때문이었다.

"그런 상황에서 나도 나 자신을 지켜내지 못하고 점점 빛을 잃어갔죠. 늘 집에서 아이 키우고 살림만 하면서 체중은 늘어나고, 오래전부터 간직해왔던 꿈은 점점 희미해져만 가고……. 자꾸 우울해졌어요. 그나마 윤서가 커가는 모습을 보며 겨우 버텨내긴 했지만 어떤 땐 내가 세상에 태어난 게 겨우 이런 이유뿐이었을까 하는 생각으로 우울하게 하루를 다 보내기도 했죠. 또 그런 허무한 생각들을 잊어보려고 당신이 그토록 싫어하는 드라마에 몰두하게 되고……."

말하던 사이에 아내의 눈에 고였던 눈물이 마르고 눈동자가 생기를 띠며 빛나기 시작했다.

"사실 겉으로는 당신 때문에 그렇게 된 거라고 탓하고 있었지만, 마음속 깊은 곳에선 나도 알고 있었던 것 같아요. 논

리적으로 이해하기는 어렵지만 이 모든 일의 책임이 나에게
도 상당 부분 있다는 사실을 어렴풋이 알 수 있었죠. 그리고
나를 그렇게 계속 내버려 두어서는 안 된다고 마음먹게 됐어
요. 그런데 최근 들어서 그렇게 다르게 마음먹은 순간 이상
한 일이 일어났어요."

아내는 한꺼번에 많은 이야기를 해서 목이 마른지 와인
을 한 모금 들이키며 목을 축였다.

"그전까지는 내 인생의 많은 부분에 대한 책임이 내게서
멀어진 당신에게 있다고 원망했어요. 하지만 내 인생의 모든
일에 대해 내 스스로 책임지겠다고, 달라지겠다고 마음먹은
순간 당신이 나를 대하는 태도가 달라지기 시작했죠! 내가
텔레비전 보는 걸 그토록 싫어하며 핀잔주던 당신이 잔소리
를 하기는커녕 곁에 앉아서 텔레비전을 함께 보는 일이 생긴
거에요."

아내와 나의 마음이 서로 연결되어 있기라도 했던 걸까?
이런 걸 보고 이심전심^{以心傳心}이라고 하는 것일까? 신기한 우
연에 놀라 아내와 마음이 통했다는 사실이 기분 좋으면서도
온 몸에 소름이 돋았다.

"그때 마침 텔레비전 쇼프로그램에서는 출연자들을 가짜 한증탕에 넣어 놓고서 마음이 달라짐에 따라 몸 상태가 바뀔 수도 있다는 최면 같은 실험을 하고 있었죠. 나는 그 장면을 보며 또 한번 깜짝 놀랐죠. 내가 마음을 다르게 먹으니 당신이 바뀌는 걸 보고 그저 우연일까 아니면 그런 달라진 마음이 현실을 바꾸어 놓은 것은 아닐까 궁금해 하고 있던 참이었으니까요. 그런데 갑자기 당신은 넋이 나간 사람처럼 중얼거렸죠."

"일체유심조!"

우리는 동시에 소리치며 유쾌하게 웃었다.

"그 후로 당신은 점점 더 달라져 갔죠. 그러다 도대체 몇 년 만인지 오늘 같은 횡재도 하게 됐네요!"

모처럼 활짝 웃는 아내가 아름다워 보였고, 다른 한편으로는 몹시 미안하게 느껴졌다.

"나도 이제야 다시 제자리를 찾은 느낌이야. 삶에서 무엇이 가장 소중한 것인지를 다시 깨닫게 됐어. 그 동안 미안했어. 앞으론 잘할게."

나는 마음을 꾹꾹 눌러 담아 나의 진심을 전했다. 테이블

위에 놓인 아내의 손을 잡았다. 우리는 진정 같은 나무의 다른 가지처럼 하나로 이어진 존재임에 틀림없었다. 축복이라도 하듯이 무수히 많은 깃털 같은 행복들이 눈처럼 쏟아져 내리고 있었다.

행복 – 헤르만 헤세

그대가 행복을 찾아 다니는 동안은,
그대는 행복할 만큼 성숙하지 않다.
가장 귀한 모든 것이 그대의 것일지라도.

그대가 잃어버린 것에 불평하고,
목표에 얽매여 쉬지 못하는 동안
그대는 아직 평화가 무엇인지 모른다.

단지 그대가 모든 바람을 포기하고,
목표나 욕망에 더 이상 집착하지 않고,
행복을 더 이상 찾지 않는다면,

그때 비로소 세상사는
더 이상 그대의 마음에 영향을 주지 않고,
영혼은 안식하게 되리라.

첫 걸음이
그 다음 디딜 곳을
알려준다

진정한 삶은 작은 변화들이
일어나는 것에 존재한다.

- 톨스토이

네가 일곱 살 때쯤의 일로 기억되는구나. 처음으로 나와 함께 눈사람을 만들었던 일을 기억하고 있니? 아쉽게도 너와 함께 할 수 있었던 얼마 되지 않은 시간이었지.

그때 너는 나를 따라 눈사람을 만들고 있었다. 너는 어린 나이임에도 불구하고 도와주겠다는 걸 뿌리치며 아빠 눈사람과 아들 눈사람을 만들어 둘을 나란히 세워놓아야 한다고 고집을 부렸지. 내가 너의 키보다 두 배나 큰 눈사람을 만들 때까지 너는 작은 눈사람 하나도 만들지 못해 투덜거리며 심통을 부렸지.

나는 네게 말해주었다. 처음 손에 뭉친 작은 눈을 굴려 크게 만드는 일은 생각보다 쉽지 않게 느껴지는 법이라고. 처음에는 어렵고 힘들지만 참고 인내하며 작은 눈뭉치를 굴려나가다 보면 어느 순간엔가 눈이 크게 들러붙는 때가 오는 법이라고. 하지만 너는 금방 짜증을 내며 굴리던 눈뭉치를 내던지고, 조금 뭉쳐진 것을 또 내던지는 일을 반복하다 결국에는 눈사람 만들기를 포기해 버렸지.

지금까지 편지들을 꼼꼼히 읽어왔다면 너는 아마 둘

처음에는 어렵고 힘들지만 참고 인내하며 작은 눈뭉치를 굴려나가다 보면
어느 순간엔가 눈이 크게 들러붙는 때가 오는 법이지.

중 한 가지 마음상태가 되어 있을 것 같구나. 이 메시지들을 받아들여서 인생에 반드시 큰 변화를 일으켜야겠다는 마음이거나, 아니면 이 편지가 전하는 이야기들이 너무 크고 어렵게 느껴져서 앞으로 어떻게 해야 할지 막막해하거나……

하지만 인생의 어떤 일이라도 눈사람을 만드는 것과 별반 다르지 않은 법이란다. 아무리 크고 어렵게 느껴지는 일이라도 별 것 아닌 듯 보이는 작고 사소한 변화들이 모여서 결국에는 큰 변화로 이어지게 되는 법이니까 말이야. 댐에 뚫린 작은 균열이 커져서 결국에는 커다란 댐을 무너뜨리게 되듯이.

천릿길도 한 걸음부터라는 속담이 말해주듯이 더 이상 머뭇거려서는 안 된다. 네가 걸으려 작정한 인생의 종착점이 너무나 멀리 떨어져 보인다 하더라도, 그 길의 끝에 만나게 될 결과가 어떤 것인지 막연한 느낌조차 잘 잡히지 않는다 하더라도, 너는 반드시 그 길을 향해 처음 한 발을 내딛어야만 한다. 그 다음 발 디딜 곳은 첫 발걸음이 알려줄 것이고, 그렇게 계속해서 앞으로 나아가게 되겠지. 앞으로 겪게 될 모든 일들을 예측할 수 없다고

첫 걸음이 그 다음 디딜 곳을 알려준다

해서 모든 준비를 완벽하게 마쳐야만 다음 발걸음을 디딜 수 있다고 생각한다면 그건 오산이란다.

티끌 모아 태산이라고 하지만 사람들은 마음의 작고 사소한 변화를 인정하지 않으려 한다. 그렇기에 그들은 늘 제자리 걸음에 머물지. 큰 변화를 일으킨 사람들은 뭔가 자기들과는 다른 종류의 사람들일 거라 생각하면서. 하지만 큰 변화의 주역들이 결코 너와 다른 종류의 인간인 것만은 아니란다. 그들 역시도 티끌같이 작은 변화의 부스러기들을 모아 태산으로 만든 사람들이지.

마음은 마치 근육과도 같이 변화하는 것이란다. 겨우 한 시간 운동했다고 해서 갑자기 엄청나게 무거운 역기를 들 수 있다고 생각할 바보는 없듯이 마음도 역시 노력한 만큼 조금씩 자랄 수 밖에 없는 것이다. 하지만 사람들은 대부분 그와는 반대로 생각하지 않니? 아주 조금 노력해 놓고 큰 변화가 없다고 한탄하며 '나는 역시 안 되는 사람'이라고 좌절하고 포기해 버린다.

변화란 항상 노력하는 대로 당장 눈앞에 드러나는 것은 아니란다. 때론 오랜 시간 노력해도 전혀 변화가 없는 것처럼 보이는 순간들이 있는 법이지. 하지만 포기하지 않고 꾸준히 애쓰다 보면 어느 순간 갑자기 크게 도약하는 순간을 만나게 될 것이다. 마치 주먹만한 눈덩이를 한참 동안 굴려도 그다지 커지지 않는 듯 보이다가 어느 순간이 되면 갑자기 쑥쑥 불어나는 때가 오게 되듯이 말이다.

그러니 네게 일어나는 아무리 작고 사소한 변화라 할지라도 그에 관해서 세심히 살피고 귀 기울여 보려무나. 그것이 긍정적인 것이라면 스스로 칭찬하고, 만약 그렇지 않다 하더라도 비난하기보다는 격려해 주도록 하거라. 언제나 큰 변화란 그런 일상 속에서의 작은 변화들이 쌓여서 이루어지게 되는 법이니까.

이제 너에게 전하고자 했던 이야기들을 끝낼 때가 된 것 같구나. 지금까지의 편지들을 읽어오면서 너의 삶에 긍정적인 변화가 있었다면 어떤 것들이 있었을지 궁금하구나. 네가 이 편지를 언제, 어떤 상황에서 읽게 될지 나로서는 알 수 없으니 더욱 그렇게 느껴지는 것 같다. 네가 이 편지를 읽고, 마음의 평화를 얻고, 진정으로 원하는 것을 향해 나아가는 대견스런 모습을 나의 생전에 직

첫 걸음이 그 다음 디딜 곳을 알려준다

접 볼 수 있을지……

　오늘 새벽에 아주 생생한 꿈을 꾸었단다. 많은 사람들
이 나를 축하해 주기 위해 둥그렇게 모여 촛불을 켜고 박
수를 치는 꿈이었지. 어찌 보면 환송회 같기도 하고 환영
회 같기도 한 느낌이었다. 뭔가 내게 축하해 주는 것처럼
느껴졌단다.

　이제 마지막으로 네게 이 노트를 전하는 일만 남았구
나. 나는 많이 고심한 끝에 지금 당장 이 노트를 네게 전
하지는 않기로 결정했단다. 여름이면 꽃이 피고 가을이
면 열매를 맺듯이 세상의 모든 일에는 그에 맞는 적절한
시기가 있으리라고 나는 믿는다. 네게 이 편지를 전할 가
장 적절한 시기, 네게 이 편지가 가장 필요하고 적절하게
읽힐 때가 언제쯤일지 알게 되기를 마음속 깊이 구하고
염원하였단다. 마음은 직관으로 답하더구나. 가장 적절한
때가 되면 이 이야기들은 스스로 자신의 존재를 드러내
게 될 것이라고.

　며칠 후 나는 아주 특별한 마지막 여행을 떠나려 한다. 인생에서 내가 원했던 모든 답을 얻은 지금, 이제 남은 일은 이십여 년 넘은 평생의 여행을 정리하고 마무리하는 일일 게다. 일단은 이런 내 마음에 관한 모든 이야기들을 네 어머니에게 전하려 한다. 노트는 언제까지가 될지 모르지만 당분간은 깊숙한 곳에 넣어 보관하도록 하겠지.

　아들아! 나의 사랑하는 아들아!
　네가 진정으로 원하는 것과 그렇지 않은 것을 구별할 수 있게 되기를……
　네가 진정으로 원하는 것을 얻게 되기를……
　온 마음을 모아 기도드린다.
　그리하여 네가 인생에서 가장 소중한 것을 찾고, 이 아주 특별한 여행의 참된 목적과 의미를 알게 되기를

작은 것들 – 줄리아 카니

작은 물방울
작은 모래알
그것이 크나큰 바다를
아름다운 나라를 만든다.

작은 순간들
비록 그것이 하찮아도
마침내 영원이라고 하는
크나큰 시대를 만든다.

작은 잘못은
선행의 길로부터
머나먼 죄로 헤매이게
영혼을 인도한다.

작은 친절
작은 사랑의 말
그것이 지구를 행복하게
천국처럼 만든다.

III
새로운 여행의 시작

아버지의 편지는 그렇게 끝나 있었다. 눈물 한 방울이 볼을 타고 흘러내리다 마지막 문장의 끝 부분쯤에 떨어졌다. 내가 편지의 커다란 마지막 마침표를 찍어낼 것을 예견하셨던 것일까? 마침 아버지는 마지막 문장의 마침표 찍기를 잊으셨던 모양이었다. 나의 눈물엔 슬픔과 기쁨이 함께 베여 있었다.

나는 그저 아버지의 겉으로 보이는 모습만을 보고 판단했다. 지금까지 평생 아버지를 원망했고, 아들인 나에 대한 깊은 사랑을 알지 못했고, 갑작스런 사고로 돌아가신 이후에도 쉽게 마음을 풀지 못했다.

그리고 무려 십 년 이라는 긴 세월 동안을 잊혀진 채 서랍 속에 잠들어 지내온 사랑이 가득 담긴 노트. 정말 편지는 내 삶에 있어서 지금이 가장 적절한 때이기 때문에 이제서야 제 모습을 드러내게 된 것일까? 아버지의 마지막 선물은 내게 너무 늦지도 이르지도 않게 발견되었다는 생각이 들었다. 지금처럼 지친 시기가 아니었다면 나는 편지의 내용을 무시했을지도 모른다. 더 일찍 편지를 만나게 되었더라면 아버지에 대한 원망으로 편지를 받아들이지 않았을지도 모른다.

아버지의 깊은 사랑이 담긴 편지는 '나'라는 존재를 바꾸어 놓았다. 아버지의 편지와 사랑으로 인해 자리를 잃고 헤매던 내 삶의 많은 부분들이 제자리를 찾아가고 있다.

비록 아버지는 일찍 생을 마감하셨고, 살아계실 적에 내가 흡족할 만큼 충분히 아버지 역할을 다하지는 않으셨지만, 세상을 뜨고 나서야 진정으로 위대한 유산과 내 인생의 가장 소중한 선물을 전해주고 가신 셈이었다.

나는 이제 새로운 여행을 시작하려 한다. 진정한 인생의 길을 찾아가라는 아버지의 가르침을 통해서 이제 나는 특별한 여행을 떠나고자 한다.

인생이라는 아주 특별한 여행에 있어서 가장 소중한 것이 무엇인지 알지 못했던 예전의 내가 걷던 길이 1부라고 한다면, 이제부터는 새로운 2부가 되는 여행을 시작하고 있는 셈이다.

어디를 향해 갈 것인가? 무엇을 위해 살 것인가? 무의식적인 충동이나 외부의 환경에 의해 결정되는 것이 운명이라면 이제 나는 운명으로부터 자유로울 수 있다. 나의 선택에 따른 인생의 길을 갈 것이기 때문이다.

내가 과연 그런 일을 해낼 수 있을까?

아직도 내게는 두려움이 남아있다. 나는 습관적으로 하게 된 질문의 방향을 약간 바꿔보려 한다. '내가 과연 해낼 수 있을까?'라고 의심하기보다, 이제부터는 의도적으로 다음과 같이 질문할 것이다. '어떻게 이 일을 이루어낼 수 있을까?'

나는 오직 원하는 것에만 마음을 집중하기로 결정했다. 진정한 나 자신의 길을 가는 과정이 힘들더라도 스스로 포기하지만 않는다면 결코 실패는 없을 것이다. 실패란 스스로 포기하는 바로 그 순간에만 일어날 수 있는 법이니까.

분명 일을 진행해 나가다 보면 닥쳐올 역경과 저항도 있을 것이다. 그러나 그것은 일을 진행하다 보면 항상 따라올 수 있는 것이다. 나는 오직 내가 원하는 길을 가는 데만 마음을 쏟으면 된다. 이제 나는 내가 꾸준히 마음을 쏟는 것, 집중하는 것은 때가 되면 반드시 현실로 드러나게 된다는 사실을 확실히 알고 있다.

이 인생이라는 여행이 언제까지 계속될지는 나도 모른다. 그런 것은 고민한다고 확실한 답을 얻게 되는 것이 아니

기에 나는 지금 가야 할 길에 온전히 마음을 쏟기로 마음먹
었다.

　나는 그저 나의 길을 간다. 뜻을 세운 일을 행하며 그 목
적을 향해 모든 것을 불태워 오늘을 살고, 지금 이 순간을 산
다. 나는 인생을 완전 연소시킬 뿐 그 뒤에는 아무 것도 남기
지 않을 것이다.

당신은 당신의 생각보다도

훨씬 더 멀리까지 갈 수 있다는 사실을 명심하라.

하지만 그보다 더 중요한 것은

당신이 무엇 때문에 지금 여기 있는지를 알고

이 소중한 여행을 즐기는 것이다.

내가 진정으로 행복할 때

답답한 도심을 벗어나 차로 한 시간 가량을 달려 울창한 숲이 우거진 자연휴양림에 도착했다. 입구의 매표소에서 안내를 받고 조금 더 길을 따라 들어가니 숙소 인근에 잘 닦여진 주차장이 나왔다. 차에서 내려 주변을 둘러보니 숲 속에 지어진 통나무집이 눈에 들어왔다.

"와! 아빠! 우리 오늘 저기서 자는 거야? 꼭 다람쥐 집 같다!"

윤서가 제일 먼저 차에서 내려 즐거운 강아지처럼 깡총깡총 뛰었다.

앞으로는 인생에서 정말로 소중한 것을 더욱 소중히 여기고
삶의 균형을 잡기 위해 애쓸 것이다.

"저렇게 큰 다람쥐 집이 어디 있니?"

아내가 활짝 웃으며 장난스레 살짝 윤서의 머리에 군밤을 먹이며 대답했다.

"그럼 다람쥐 백 마리가 함께 살면 되지!"

윤서는 제멋대로 둘러대고는 신이 나서 먼저 쪼르르 통나무집을 향해 달려갔다. 숲 속에는 잣나무가 울창하게 들어차있고 바위가 듬성듬성 솟아있기는 했지만 숙소까지 이어지는 길에는 목재 재질의 데크가 잘 짜여 있어 윤서 혼자 가는 대로 내버려두었다.

"당신, 후회하지 않을 자신 있어요?"

몇 가지 짐을 챙겨 들고 숙소를 향해 천천히 걷고 있는데 아내가 슬그머니 팔짱을 끼며 물었다.

나는 잠시 걸음을 멈추고 숨을 크게 들이쉬었다. 잣나무 향이 베인 신선한 공기가 가슴 가득히 스며들었다. 하늘을 가득 메운 오랜 수령의 아름드리 나무들 아래 운치 있게 지어진 통나무집에 도착한 윤서가 빨리 오라고 소리치며 손을 흔드는 모습이 눈에 들어왔다. 어디선가 산새도 짹짹거리며 우리의 방문을 반겨주고 있었다. 나는 팔짱 긴 아내의 손을 풀어내어 잡고는 힘주어 말했다.

"아니. 그렇지만 행복하지 않을 자신은 없어."

잠깐 생각하는 듯하던 아내의 얼굴에 미소가 활짝 피어나는 모습을 보며 지난 십 년 세월을 돌이켜 생각하니 가슴이 뭉클해져 왔다.

'이런 것이 행복이라는 거구나, 너무나 가까이 있던 것을 너무나도 멀리서만 찾으려 했었구나.'

과거의 나는 헛된 성공만을 추구하며 더 높은 연봉과 빠른 승진과 같은 것들에 대해서만 집착하며 살고 있었다. 나의 본래 목적은 행복하기 위해 성공하고자 하는 것이었지만, 너무나 외면적인 성공에 집착하고 나만을 중요시하면서 주변을 배려하지 못한 탓에 인생에서 가장 소중한 것들을 잃어가고 있었다. 아버지의 편지를 통해서 나는 행복의 참의미, 가족의 소중함, 진정한 성공의 길에 대해서 이해하고 깨닫게 되었다.

오랜 꿈의 먼지를 털어낸 나는 일단 여유시간을 낼 수 있는 곳으로 직장을 옮겼다. 내가 어떤 아이템을 가지고 창업을 할지 아직 확실하진 않지만 어느 정도는 방향이 정해진 이상, 하루에 두세 시간 정도 나만의 시간을 가지면서 미래의 비전에 대한 준비를 해나간다면 반드시 꿈을 이루리라는 확신이 들었다.

그리고 물론, 앞으로는 인생에서 정말로 소중한 것을 더욱 소중히 여기고 삶의 균형을 잡기 위해 애쓸 것이다.

잠시 생각에 빠져있던 나는, 다시 숲으로 돌아왔다. 아내의 얼굴을 들여다보았다. 지난 세월 동안 눈가에 소복이 쌓인 잔주름이 오히려 더욱 사랑스러워 보였다. 너무나 고마운 사람들, 가족, 그리고 일상의 작지만 소중한 행복들. 자칫하면 그 소중함을 간과하고 살아가기 쉽다. 나는 이 사소한 모든 것들에 대해 감사하기 시작했다. 고마워 여보. 고마워 바람, 나무, 대지, 하늘, 햇살, 오늘 하루 편히 쉬게 해 줄 아름다운 숲 속의 통나무집, 그리고 고맙습니다. 아버지! 지금도 어디선가 저를 지켜보고 계시겠죠?

"약속할 게. 앞으로 한두 달에 한 번씩은 가까운 곳이라도 이렇게 여행올 수 있도록."

“그럼 나야 좋지만, 너무 무리할 필요는 없어요.”

나는 웃으며 대답했다.

“내가 좋아서 그러는 거야.”

그래. 내가 좋아서 하려는 거였다. 내가 행복할 때, 우리
는 진정 주변과 세상을 행복으로 밝힐 수 있을 테니까.

마지막 시작

초판 1쇄 발행 2008년 12월 12일
초판 2쇄 발행 2008년 12월 19일

지은이 전용석
펴낸이 김선식
PD 김기정
다산라이프 최소영, 김기정, 김다우
마케팅본부 곽유찬, 이도은, 허미희, 박고운
저작권팀 이정순, 김미영
커뮤니케이션팀 우재오, 서선행, 한보라, 강선애, 정미진, 김태수
디자인본부 강찬규, 최부돈, 김희림, 손지영, 이인희
경영지원팀 방영배, 김미현, 이경진, 고지훈
외부스태프 본문조판 유민경, 일러스트 박준

펴낸곳 다산북스
주소 서울시 마포구 염리동 161-7번지 한청빌딩 6층
전화 02-702-1724(기획편집) 02-703-1723(마케팅) 02-704-1724(경영지원)
팩스 02-703-2219
이메일 dasanbooks@hanmail.net
홈페이지 www.dasanbooks.com
출판등록 2005년 12월 23일 제313-2005-00277호

필름 출력 스크린그래픽센타
종이 신승지류유통(주)
인쇄 (주)현문
제본 광성문화사

ISBN 978-89-93285-40-6 03320

지은이 **전용석**

영적 지도와 명상, 상담, 자기계발 교육 및 워크샵을 진행하는 자기계발 전문가. 십 대 시절 어머니의 오랜 지병과 동생의 죽음으로 순탄치 않은 시간을 보낸 저자는 1985년부터 20년 넘게 명상수행으로 마음을 다스렸다. 대학에서 컴퓨터를 전공한 후 1997년부터 2003년까지 CRM 컨설턴트로 일하면서 빠른 승진과 고액 연봉으로 성취감을 맛보기도 했으나 금전적인 성공만으로는 행복을 느낄 수 없다는 것을 깨닫고, '내가 진정으로 원하는 일은 무엇인가?'를 고민하게 되었다. 삶에 관한 질문은 그저 생각만으로 되는 것이 아니라 반드시 어떤 행함이 따라주어야 한다고 주장하는 저자는 그 질문에 대해 수년간 많은 책들과 씨름하고, 여러 가지 사업에 도전해 보았으며, 자기계발에 관련된 다양한 교육을 받는 등 끊임없는 노력을 통해 자신의 새로운 길을 찾게 되었다.

2002년부터 지금까지 자기계발 교육 프로그램을 연구·개발하고 세미나 강의 및 상담을 실시하고 있으며, 자기계발 교육 회사인 마인드솔루션과 다음 카페 '아주 특별한 성공(cafe.daum.net/ healingwizard)'을 통해 많은 이들의 행복과 성공을 돕고 있다. 저서로는《아주 특별한 성공의 지혜》《나를 사랑하며 산다는 것》등이 있다.

사단법인 청소년홍익육성계승회 자문위원
American board of NLP 인증 NLP(신경언어 프로그래밍) Practitioner
American board of Hypnotherapy 인증 최면상담사
Time Line Therapy Association 인증 Time Line Therapist
미국 Star's Edge사 Avatar Course 안내자격(Avatar Master) 외 다수

Letter
from
my father...